2021

FOS · BOS 13
Abitur-Prüfungsaufgaben
mit Lösungen

Bayern

BWL mit Rechnungswesen

STARK

© 2020 Stark Verlag GmbH
23. ergänzte Auflage
www.stark-verlag.de

Das Werk und alle seine Bestandteile sind urheberrechtlich geschützt. Jede vollständige oder teilweise Vervielfältigung, Verbreitung und Veröffentlichung bedarf der ausdrücklichen Genehmigung des Verlages. Dies gilt insbesondere für Vervielfältigungen, Mikroverfilmungen sowie die Speicherung und Verarbeitung in elektronischen Systemen.

Inhaltsverzeichnis

Vorwort

Hinweise und Tipps

Ablauf der Prüfung	I
Inhalte und Leistungsanforderungen	I
Bewertung	II
Methodische Hinweise und Zeitmanagement	III

Kurzrepetitorium

Analyse des Jahresabschlusses und Formen der Finanzierung	1
Strategisches und operatives Controlling	8
Optimierung des Faktoreinsatzes, Kosteneinflussgrößen und Anpassungsformen bei Beschäftigungsänderungen	12
Sach- und personenorientierte Personalführung und -entwicklung	17

Übungsaufgaben

Übungsaufgaben zur Analyse des Jahresabschlusses und zu Formen der Finanzierung	ÜA-1
Übungsaufgaben zum strategischen und operativen Controlling	ÜA-35
Übungsaufgaben zur Optimierung des Faktoreinsatzes, zu Kosteneinflussgrößen und zu Anpassungsformen bei Beschäftigungsänderungen	ÜA-49
Übungsaufgaben zur sach- und personenorientierten Personalführung und -entwicklung	ÜA-71

Musterprüfungen

Musterprüfung 1 im Stil des neuen Abiturs

Aufgabe 1	Analyse des Jahresabschlusses, Formen der Finanzierung	P-1
Aufgabe 2	Formen der Finanzierung	P-3
Aufgabe 3	Operatives Controlling	P-4
Aufgabe 4	Strategisches Controlling	P-5
Aufgabe 5	Kosteneinflussgrößen	P-6
Aufgabe 6	Anpassungsformen bei Beschäftigungsänderungen	P-7
Aufgabe 7	Sach- und personenorientierte Personalführung	P-8
Lösungsvorschlag		P-9

Musterprüfung 2 im Stil des neuen Abiturs

Aufgabe 1	Strategisches Controlling	P-19
Aufgabe 2	Analyse des Jahresabschlusses	P-20
Aufgabe 3	Formen der Finanzierung	P-22
Aufgabe 4	Optimierung des Faktoreinsatzes, Anpassungsformen bei Beschäftigungsänderungen	P-24
Aufgabe 5	Operatives Controlling	P-25
Aufgabe 6	Sach- und personenorientierte Personalführung	P-26
Lösungsvorschlag		P-27

Original-Aufgaben

Prüfungsaufgabe 2020 ... www.stark-verlag.de/mystark

Das Corona-Virus hat im vergangenen Schuljahr auch die Prüfungsabläufe durcheinandergebracht und manches verzögert. Daher sind die Aufgaben und Lösungen zur Prüfung 2020 in diesem Jahr nicht im Buch abgedruckt, sondern erscheinen in digitaler Form. Sobald die Original-Prüfungsaufgaben 2020 zur Veröffentlichung freigegeben sind, können Sie sie als PDF auf der Plattform MyStark herunterladen

Merkhilfe

Gesetzesauszüge

Jeweils im Herbst erscheinen die neuen Ausgaben der Abiturprüfungsaufgaben mit Lösungen.

Autoren

Markus Hierl:	Kurzrepetitorium, Übungsaufgaben
Christian Kluger:	Musterprüfung 2
Frank Müller:	Kurzrepetitorium, Übungsaufgaben
Michaela Müller-Unterweger:	Hinweise und Tipps, Kurzrepetitorium, Übungsaufgaben, Musterprüfung 1

Vorwort

Liebe Schülerin, lieber Schüler,

dieses Buch unterstützt Sie optimal bei der Vorbereitung auf die **Abiturprüfung im Fach Betriebswirtschaftslehre mit Rechnungswesen** nach dem **LehrplanPLUS**.

Am Anfang des Buches finden Sie neben **Hinweisen zum Ablauf der Prüfung** ein **Kurzskript**, welches zentrale Themen der 13. Jahrgangsstufe in übersichtlicher Art und Weise behandelt und Ihnen eine grobe Orientierung für Ihren individuellen Lernplan gibt. Wir empfehlen Ihnen, sich **rechtzeitig einen Lernplan** zu erstellen und entsprechende Meilensteine zu setzen, um die verbleibende Zeit bis zur Prüfung effizient zu nutzen.

Anhand **ausgewählter Prüfungsaufgaben** vergangener Jahre sowie **neu erstellter Übungsaufgaben** können Sie sich zielgenau auf die Abiturprüfung vorbereiten. Die von uns konzipierten **Musterabituraufgaben** sowie die Originalprüfungsaufgabe aus dem Jahr 2020 vermitteln Ihnen einen Eindruck vom neuen Prüfungsformat. Alle Aufgaben sind mit **ausführlichen Lösungsvorschlägen und Hinweisen** versehen, sodass Sie Ihre Ergebnisse selbst kontrollieren und Lösungswege nachvollziehen können.

Sollten nach Erscheinen dieses Buches noch wichtige Änderungen in der Abiturprüfung vom bayerischen Kultusministerium bekannt gegeben werden, finden Sie aktuelle Informationen unter: www.stark-verlag.de/mystark.

Wir wünschen Ihnen eine gute Vorbereitung und viel Erfolg bei der Abschlussprüfung!

Das Autorenteam

StRin Michaela Müller-Unterweger   StR Christian Kluger

Hinweise und Tipps

Ablauf der Prüfung

Die Abiturprüfungsaufgaben (Abschlussprüfung zur Erlangung der fachgebundenen bzw. allgemeinen Hochschulreife) werden zentral vom Bayerischen Staatsministerium für Unterricht und Kultus gestellt und sind für alle Schüler der 13. Klasse der Beruflichen Oberschule in Bayern verbindlich vorgeschrieben.
Die Prüfung dauert 180 Minuten. In dieser Zeit müssen Sie alle Aufgaben bearbeiten – es besteht keine Auswahlmöglichkeit.

Als Hilfsmittel sind zugelassen:
- ein nicht programmierbarer Taschenrechner,
- eine Merkhilfe,
- Auszüge aus dem Handelsgesetzbuch und aus dem Aktiengesetz.

Inhalte und Leistungsanforderungen

In der Abiturprüfung werden keine eigenständigen Aufgaben zur Voll- und Teilkostenrechnung gestellt. Sie sind dennoch prüfungsrelevant und stellen einen wichtigen Bestandteil von Aufgaben zu den Lernbereichen der 13. Jahrgangsstufe dar.

Außerdem werden weder laufende Buchungen noch Vorabschluss- bzw. Abschlussbuchungen geprüft, weshalb der Industriekontenrahmen als Hilfsmittel entfällt. Stattdessen liegt der Fokus auf betriebswirtschaftlichen Hintergründen, Zusammenhängen und Begründungen. Eine entsprechende Anwendung der notwendigen Arbeitstechniken sowie Methoden ist deshalb von größter Bedeutung. Hierzu zählen das Auswerten von Grafiken, das Formalisieren von Ergebnissen mithilfe von Funktionstermen sowie das argumentativ schlüssige Entwickeln von Ursache-Wirkungs-Zusammenhängen, welche sich aus unterschiedlichen Perspektiven ergeben.

Prinzipiell liegen dem neuen Prüfungskonzept folgende Aspekte zugrunde:
- Hoher Grad an Lebenswelt-, Berufswelt- und Anwendungsbezug sowie Problemorientierung
- Einbezug des Lernenden in eine konkrete Handlungssituation
- Perspektivenwechsel des Lernenden
- Vernetztes Denken durch Anknüpfungspunkte zu anderen Lernbereichen
- Übergreifende Aufgaben, welche nicht durch kleinschrittige Aufgaben untergliedert werden
- Verwendung unterschiedlicher Materialien (Grafiken, Texte, Zitate u. v. m.)
- Verbale Begründungen sowie rechnerische Lösungen
- Cross-over-Aufgaben über verschiedene Themengebiete

Im nachfolgenden Kurzrepetitorium finden Sie eine komprimierte Zusammenfassung zentraler prüfungsrelevanter Inhalte der 13. Jahrgangsstufe. Die Kerninhalte der vorhergehenden Jahrgangsstufe finden Sie entsprechend aufbereitet im Vorbereitungsbuch der 12. Jahrgangsstufe.

Bewertung

Die bei den Aufgaben maximal erreichbaren Bewertungseinheiten (BE) finden Sie nach jeder Teilaufgabe.
Bei der schriftlichen Abiturprüfung in Betriebswirtschaftslehre mit Rechnungswesen können maximal 100 Bewertungseinheiten erreicht werden.

Note	Punkte	Bewertungseinheiten
1	15	100–96
	14	95–91
	13	90–86
2	12	85–81
	11	80–76
	10	75–71
3	9	70–66
	8	65–61
	7	60–56
4	6	55–51
	5	50–46
	4	45–41
5	3	40–34
	2	33–27
	1	26–20
6	0	19–0

Methodische Hinweise und Zeitmanagement

Vorbereitung

- Bereiten Sie sich langfristig vor. Es ist sinnvoll, während des Schuljahres bereits Zusammenfassungen und Übersichten zu erstellen (z. B. für Schulaufgaben). Dies erspart Ihnen Zeit bei der Vorbereitung auf die Abiturprüfung.
- Bearbeiten Sie die Aufgaben eigenständig. Belügen Sie sich dabei nicht selbst, indem Sie die Lösung zur Hand nehmen, wenn Sie nicht mehr weiterwissen. In der konkreten Prüfungssituation können Sie die noch fehlenden Punkte ohne Nachschlagen dann nicht mehr erreichen.
- Üben Sie in einer prüfungsähnlichen Atmosphäre.
- Achten Sie auf Ihr Zeitmanagement. Für eine Bewertungseinheit haben Sie i. d. R. 1,8 Minuten Zeit.
- Fragen Sie bei Problemen bei Ihrer Lehrkraft oder bei Ihren Mitschülern nach.
- Machen Sie sich mit den fachspezifischen Operatoren vertraut. So wissen Sie genau, was von Ihnen verlangt wird, und Ihnen geht nicht unnötig Arbeitszeit verloren.

Operatoren

Anforderungsbereich I	
(= Wiedergabe von Sachverhalten; Beschreibung und Verwendung gelernter Arbeitsweisen)	
Nennen Sie, Zählen Sie auf, Geben Sie wieder	Einfaches Aufzählen von Fakten
Definieren Sie	Erklären eines Begriffsinhalts
Beschreiben Sie, Stellen Sie dar, Zeigen Sie auf	Wiedergabe wesentlicher Aspekte eines Sachverhalts im Zusammenhang unter Verwendung der Fachsprache

Anforderungsbereich II	
(= selbstständiges Ordnen, Bearbeiten, Erklären bekannter Sachverhalte; Anwendung des Gelernten auf vergleichbare Sachverhalte; eigenständiges Strukturieren komplexer Texte oder umfassender fachspezifischer Sachverhalte)	
Erklären Sie, Erläutern Sie, Begründen Sie	Einordnen, Deuten und argumentativ schlüssiges Entwickeln von Sachverhalten durch Wissen und Einsichten in einen Zusammenhang (Theorie, Modell, Regel, Gesetz, Funktionszusammenhang, Ursache-Wirkungs-Zusammenhang); ggf. nachvollziehbare Veranschaulichung durch Beispiele
Vergleichen Sie, Unterscheiden Sie, Stellen Sie gegenüber, Grenzen Sie ab	Herausarbeiten von Gemeinsamkeiten, Ähnlichkeiten und Unterschieden nach vorgegebenen oder selbst gewählten Gesichtspunkten

Entscheiden Sie	Kriteriengestützte Lösungsfindung anhand vorliegender Informationen
Werten Sie aus	Zusammenführen von Daten oder Einzelergebnissen zu einer abschließenden Gesamtaussage
Ermitteln Sie, Berechnen Sie, Bestimmen Sie, Zeichnen Sie, Skizzieren Sie	Erzielen bzw. Darstellen eines Ergebnisses mittels gegebenen Zahlenmaterials und ggf. Rechenoperationen/Formeln (zeichnen → maßstabsgetreu; skizzieren → nicht maßstabsgetreu)

Anforderungsbereich III
(= planmäßiges Verarbeiten komplexer Gegebenheiten mit dem Ziel, zu selbstständigen Begründungen, Folgerungen, Lösungsansätzen, Deutungen und Wirkungen zu gelangen; selbstständiges Auswählen und Anwenden geeigneter Arbeitsmethoden und Darstellungsformen in neuen Situationen und deren Beurteilung)

Analysieren Sie	Trennen von Elementen, Strukturmerkmalen und Zusammenhängen unter gezielten Fragestellungen in Bestandteile; Darstellen der Ergebnisse
Beurteilen Sie, Bewerten Sie	Bestimmen des Stellenwerts von Sachverhalten und Prozessen in einem Zusammenhang, um theorie- und kriterienorientiert zu einem begründeten Sachurteil zu gelangen
Diskutieren Sie, Erörtern Sie	Entwickeln einer Pro- und Kontra-Argumentation zu einer Problemstellung, die zu einem begründeten Sachurteil führt
Nehmen Sie Stellung	Infragestellen oder Bestätigen einer Position, Argumentation oder Theorie ausgehend von einer gegebenen Perspektive
Prüfen Sie, Überprüfen Sie	Messen vorgegebener Aussagen bzw. Behauptungen an Fakten oder an der inneren Logik; Aufzeigen eventueller Widersprüche

Bearbeitung der Prüfung

- Lesen Sie die Aufgabenstellung aufmerksam durch.
- Erfassen Sie den Operator. Beachten Sie dabei die Bewertungseinheiten am Rand.
- Markieren Sie relevante Informationen. Aber Vorsicht: Ein Text, der mehr farbige Markierungen beinhaltet als nicht markierte Wörter, wird Ihnen nicht viel bringen.
- Bearbeiten Sie alle Prüfungsaufgaben zügig. Sollten Sie bei einer Aufgabe keinen Ansatz finden, stellen Sie diese zunächst zurück und machen Sie weiter mit der nächsten Aufgabe.
- Rechnen Sie auch mit falschen Zwischenergebnissen weiter. Markieren Sie diese für sich und Ihren Korrektor. Denken Sie daran, dass folgerichtige Ergebnisse und Erkenntnisse bewertet werden können. Achten Sie immer auf nachvollziehbare Lösungswege.
- Sollten Ihnen Zwischenergebnisse fehlen, treffen Sie sinnvolle Annahmen und markieren Sie diese als solche.
- Wenn Sie Ergebnisse runden müssen, überlegen Sie, ob es sinnvoll ist, mathematisch oder abweichend von der Mathematik zu runden.
- Denken Sie bei der Formulierung von Argumentationen an schlüssige Ursache-Wirkungsketten: Was ist die Ursache? Was passiert dadurch? Welche neue Ursache kann entstehen und welche Auswirkungen hat diese? Es wird von Ihnen eine argumentativ-schlüssig entwickelte Kette verlangt. Auch wenn Ihnen Zwischenschritte logisch erscheinen, können diese für die Argumentation von großer Bedeutung sein. Ihr Korrektor wird keine Gedankenlücken für Sie schließen!
- Achten Sie darauf, nicht gegen die Grundsätze einer ordnungsmäßigen Buchführung (auch wenn dies nicht mehr Bestandteil der Prüfung ist) zu verstoßen. Arbeiten Sie ordentlich und strukturiert. Kennzeichnen Sie die Aufgabenteile eindeutig. Beschriften Sie Skizzen und Zeichnungen vollständig.

**Kurzrepetitorium für das Fach
Betriebswirtschaftslehre mit Rechnungswesen
der 13. Klasse der Beruflichen Oberschule in Bayern**

1 Analyse des Jahresabschlusses und Formen der Finanzierung

1.1 Strukturbilanz

Eine realistische Bilanzanalyse erfolgt auf Grundlage der **Strukturbilanz**. Diese leitet sich aus der auf dem HGB basierenden Bilanz, die den rechtlichen Vorschriften entsprechen muss, ab. Einzelne Posten werden zusammengefasst bzw. korrigiert, sodass aussagekräftige **Kennzahlen** gebildet werden können.
Mittelherkunft und **Mittelverwendung** stehen einander direkt gegenüber.

AKTIVA	Bilanz zum 31.12.20..	PASSIVA
Anlagevermögen Umlaufvermögen		Eigenkapital Langfristiges Fremdkapital Kurzfristiges Fremdkapital

1.2 Bilanzkennzahlen

- Anlagenquote $= \dfrac{\text{Anlagevermögen}}{\text{Gesamtvermögen}} \cdot 100\,\%$

- Umlaufquote $= \dfrac{\text{Umlaufvermögen}}{\text{Gesamtvermögen}} \cdot 100\,\%$

- Eigenkapitalquote $= \dfrac{\text{Eigenkapital}}{\text{Gesamtkapital}} \cdot 100\,\%$

- Fremdkapitalquote $= \dfrac{\text{Fremdkapital}}{\text{Gesamtkapital}} \cdot 100\,\%$

- Statischer Verschuldungsgrad = $\dfrac{\text{Fremdkapital}}{\text{Eigenkapital}} \cdot 100\,\%$

- Anlagedeckungsgrad 1 = $\dfrac{\text{Eigenkapital}}{\text{Anlagevermögen}} \cdot 100\,\%$

- Anlagedeckungsgrad 2 = $\dfrac{\text{Eigenkapital} + \text{langfr. Fremdkapital}}{\text{Anlagevermögen}} \cdot 100\,\%$

Der Anlagedeckungsgrad 2 ist die rechnerische Kennzahl der **goldenen Bilanzregel**, die besagt, dass langfristig gebundenes Vermögen langfristig finanziert werden soll. Er muss deshalb $\geq 100\,\%$ sein, damit diese Forderung erfüllt ist.

- **Working Capital** = Umlaufvermögen – kurzfr. Fremdkapital

Ist das Working Capital (auch Nettoumlaufvermögen) **negativ**, reicht das Umlaufvermögen nicht zur Deckung der gesamten kurzfristigen Verbindlichkeiten aus. Ein Teil des Anlagevermögens ist also kurzfristig finanziert. Somit wird gegen die **goldene Bilanzregel verstoßen**.

1.3 Liquiditätskennzahlen

Die **Zahlungsfähigkeit** (Liquidität) wird mit folgenden Kennzahlen gemessen:

Liquid. 1. Grades = $\dfrac{\text{Barmittel} + \text{Bankguthaben}}{\text{kurzfr. FK}}$ (Barliquidität) $\cdot 100\,\%$

Liquid. 2. Grades = $\dfrac{\text{liquide Mittel} + \text{kurzfr. Forderungen}}{\text{kurzfr. FK}}$ (einzugsbedingte Liquidität) $\cdot 100\,\%$

Liquid. 3. Grades = $\dfrac{\text{Umlaufvermögen}}{\text{kurzfr. FK}}$ (umsatzbedingte Liquidität) $\cdot 100\,\%$

Das **finanzielle Gleichgewicht** ist eine Konstellation, bei der ein Unternehmen nicht zu wenig Barmittel (Bedrohung der Zahlungsfähigkeit) und nicht zu viel Barmittel (Verringerung der Rentabilität) hat.

1.4 Kennzahlen der Finanz- und Ertragskraft (Rentabilitätskennzahlen)

Im Gegensatz zu den Bilanzkennzahlen, die Auskunft über ein Unternehmen zum Bilanzstichtag geben sollen und somit den Schlussbestand bilanzieller Größen verwenden, beziehen Rentabilitätskennziffern eine **Gewinngröße auf den Anfangsbestand des Kapitals**. Sie ermitteln also die **Verzinsung des eingesetzten Kapitals**. (In der betriebswirtschaftlichen Literatur existiert auch die Variante, dass der Erfolg auf das durchschnittlich gebundene Kapital einer Periode bezogen wird. Dieser Ansatz wird an der BOS jedoch nicht verwendet!)

Folgende Rentabilitätskennziffern werden unterschieden:

- **Eigenkapitalrentabilität (EKR):**

$$EKR = \frac{\text{Jahresüberschuss}}{\text{Eigenkapital (AB)}} \cdot 100\,\%$$

Die Eigenkapitalrentabilität gibt die Verzinsung des Kapitals an, das von den Eigentümern des Unternehmens aus privaten Mitteln eingesetzt wurde. Sie erlaubt somit den Vergleich zu alternativen Anlageformen.

- **Gesamtkapitalrentabilität (GKR):**

$$GKR = \frac{\text{Jahresüberschuss} + \text{Fremdkapitalzinsen}}{\text{Gesamtkapital (AB)}} \cdot 100\,\%$$

Die Gesamtkapitalrentabilität gibt die Verzinsung des gesamten im Unternehmen investierten Kapitals an. Damit Vergleiche zwischen Unternehmen unabhängig von deren Finanzierungsstruktur möglich sind, werden die gezahlten Fremdkapitalzinsen (sofern angegeben) zum Jahresüberschuss hinzugerechnet.

Hebelwirkungseffekt (Leverage-Effekt):
Wenn die Gesamtkapitalrentabilität (GKR) größer als der Fremdkapitalzinssatz ist, dann führt jede FK-Aufnahme zu einer Steigerung der Eigenkapitalrentabilität (EKR). Wenn GKR < $FK_{Zinssatz}$, dann sinkt die EKR.

- **Umsatzrentabilität (UR):**

$$UR\,(\text{Jahresüberschuss}) = \frac{\text{Jahresüberschuss}}{\text{Umsatzerlöse}} \cdot 100\,\%$$

$$UR\,(\text{Kapitalertrag}) = \frac{\text{Jahresüberschuss} + \text{Fremdkapitalzinsen}}{\text{Umsatzerlöse}} \cdot 100\,\%$$

Die Umsatzrentabilität bezieht den Periodenerfolg auf die Umsatzerlöse dieser Periode. Die Kennzahl ist branchenspezifisch und erlaubt somit den Vergleich verschiedener Unternehmen einer Branche. Fremdkapitalzinsen werden i. d. R. zum Jahresüberschuss addiert.

- **Kapitalumschlag:**

$$\text{Kapitalumschlag (bezogen auf Eigenkapital)} = \frac{\text{Umsatzerlöse}}{\text{Eigenkapital (AB)}}$$

$$\text{Kapitalumschlag (bezogen auf Gesamtkapital)} = \frac{\text{Umsatzerlöse}}{\text{Gesamtkapital (AB)}}$$

Der Kapitalumschlag zeigt, wie viele Geldeinheiten Umsatz mit einer Geldeinheit Eigen- oder Gesamtkapital erwirtschaftet werden. Die Kennzahl wird zur Bewertung der wirtschaftlichen Effizienz des Kapitals benutzt. Je höher der Kapitalumschlag ist, desto schneller fließt Kapital in das Unternehmen zurück.

- **Return on Investment (ROI):**
  ROI = Umsatzrentabilität · Kapitalumschlagshäufigkeit

  $$ROI_{EK} = \frac{Jahresüberschuss}{Umsatzerlöse} \cdot 100\ \% \cdot \frac{Umsatzerlöse}{Eigenkapital\ (AB)}$$

  $$ROI_{GK} = \frac{Jahresüberschuss + Fremdkapitalzinsen}{Umsatzerlöse} \cdot 100\ \% \cdot \frac{Umsatzerlöse}{Gesamtkapital\ (AB)}$$

  Ebenso wie die Umsatzrentabilität ist die Kapitalumschlagshäufigkeit branchenspezifisch. Der ROI erlaubt somit eine detailliertere Analyse der erzielten Rentabilität. Der ROI sollte branchenabhängig einen Wert über 10 % aufweisen.

- **Cashflow:**
  Als Cashflow bezeichnet man den Bargeldrückfluss aus den Umsatzerlösen, der dem Unternehmen zur vorläufig freien Verfügung steht. Er gibt Auskunft über die **Innenfinanzierungskraft** eines Unternehmens und wird wie folgt berechnet:

  Jahresüberschuss
  + AfA auf Anlagevermögen (nicht auf Umlaufvermögen) (– Zuschreibungen)
  + Erhöhung langfr. Rückstellungen (– Minderung langfr. Rückstellungen)
  = Cashflow

  Mithilfe des Cashflows wird der **dynamische Verschuldungsgrad** berechnet:

  $$Dynamischer\ Verschuldungsgrad = \frac{Nettoverbindlichkeiten}{Cashflow}$$

  Die **Nettoverbindlichkeiten** entsprechen der Differenz aus Fremdkapital und Barmittel. Anstelle des Begriffs Nettoverbindlichkeiten wird gelegentlich der Begriff **Effektivverschuldung** verwendet.

- **EBIT (earnings before interest and taxes):**
  EBIT = Jahresüberschuss + Steueraufwand – Steuererträge ± Finanzergebnis
  bzw.

  Umsatzerlöse
  ± Bestandsveränderung an fertigen und unfertigen Erzeugnissen
  + andere aktivierte Eigenleistung (+ sonstige betriebl. Erträge)
  – Materialaufwand
  – Personalaufwand (– sonstige betriebl. Aufwendungen)
  – Abschreibungen auf Anlagevermögen
  = EBIT (Grundlage GuV)

1.5 Finanzierungssurrogate

1.5.1 Leasing

Leasing stellt eine **Finanzierungsmethode** dar. Dabei wird das Leasingobjekt (Investitions- und Konsumgüter) längerfristig vom Leasinggeber an den Leasingnehmer vermietet.

Arten des Leasings
- **Operate-Leasing:** Die Leasingverträge können von beiden Seiten kurzfristig gekündigt werden. Der Leasing-Geber hat (a) das Investitionsrisiko (technischer Fortschritt) wegen der kurzfristigen Kündigungsmöglichkeit und (b) die gemieteten Gegenstände werden in der Bilanz des Vermieters aufgeführt.
- **Financial-Leasing:** Der Leasingvertrag ist für eine Grundmietzeit (normale Nutzungsdauer) unkündbar. Der Mieter hat (a) das Investitionsrisiko (weil er nicht kündigen kann), (b) die gemieteten Gegenstände können u. U. in der Bilanz des Mieters aufgeführt werden.

Funktionen des Leasings
Leasing ist
- ein Mittel der Absatzpolitik,
- ein Instrument der Marketing-Politik, z. B. Kfz-Verkauf,
- ein Kreditersatz (Substitut) oder Kaufersatz.

1.5.2 Factoring

Der Factor (Unternehmen) kauft Forderungen eines anderen Unternehmens auf und übernimmt Inkasso und Ausfallrisiko (Delkredere).

Arten des Factorings
- **Offenes Factoring:** Der Factor tritt offen in Erscheinung, er schreibt den Kunden (Schuldner) an. Die Forderung wird an den Factor direkt gezahlt.
- **Stilles Factoring:** Die Kunden (Schuldner) zahlen an den Gläubiger, dieser leitet das Geld an den Factor weiter.

Funktionen des Factorings
- **Finanzierungsfunktion:** Der Gläubiger bekommt vom Factor den Forderungsbetrag, wenn die Rechnung gestellt wird.
- **Dienstleistungsfunktion:** Der Factor übernimmt die Rechnungsstellung und die Überwachung des Zahlungseingangs.
- **Delkrederefunktion:** Der Factor übernimmt das Zahlungsrisiko.

1.6 Der Kapazitätserweiterungseffekt (Lohmann-Ruchti-Effekt)

Mit den Abschreibungsbeträgen, die über höhere Absatzpreise in das Unternehmen zurückfließen, kann dieses nicht nur die **Reinvestition** bestreiten. Das Unternehmen kann mit den liquiden Mitteln seine **Kapazität sogar erweitern**.

Zahlenbeispiel: Ein Unternehmen besitzt drei Produktionsmaschinen, die 2012 angeschafft wurden. Eine Maschine kostet 100 000,00 € und besitzt eine Nutzungsdauer von fünf Jahren. Daraus ergibt sich bei linearer Abschreibung ein Abschreibungsbetrag von 20 000,00 €. Mit den freigesetzten Mitteln (Abschreibung + evtl. Restbetrag) werden jeweils neue Maschinen gekauft (Angaben in Tsd. €).

Jahr	_____ Anzahl der Maschinen _____					Insgesamt	Wert der Maschinen	Abschreibung	Zur Verfügung stehende Mittel	Mittel, die investiert werden	Anzahl neuer Maschinen	Restbetrag
	1. Jahr	2. Jahr	3. Jahr	4. Jahr	5. Jahr							
2012	3					3	300	60	60	0	0	60
2013	0	3				3	240	60	120	100	1	20
2014	1	0	3			4	280	80	100	100	1	0
2015	1	1	0	3		5	300	100	100	100	1	0
2016	1	1	1	0	3	6	300	120	120	100	1	20
2017	1	1	1	1	0	4	280	80	100	100	1	0
2018	1	1	1	1	1	5	300	100	100	100	1	0
2019	1	1	1	1	1	5	300	100	100	100	1	0
…												

Werden mit den Mitteln, die durch die Abschreibung freigesetzt werden, kontinuierlich neue Maschinen angeschafft, kommt es zu einer Erweiterung der **Periodenkapazität** (Summe aller Leistungen, bezogen auf eine Teilanlage oder auf das gesamte Unternehmen, in einer Periode), ohne dass von außen neues Kapital zugeführt werden muss.

Kapazitätserweiterungsfaktor:
Ausmaß der Kapazitätserweiterung

$$\text{Kapazitätserweiterungsfaktor} = 2 \cdot \frac{\text{Nutzungsdauer}}{\text{Nutzungsdauer} + 1} \qquad \text{Hier: } 1{,}67$$

Das bedeutet, die Periodenkapazität kann dauerhaft um 67 Prozent steigen (also fünf Maschinen können dauerhaft im Einsatz sein), wenn nur über den Cashflow aus Abschreibungen finanziert wird.

Die **Gesamtkapazität**, d. h. die Summe aller künftigen Leistungsabgaben, steigt durch den Lohmann-Ruchti-Effekt nie über den Ausgangswert, da hierbei die sich verringernden Restlaufzeiten der Maschinen miteinbezogen werden. Die Gesamtkapazität bleibt annähernd gleich.

Die **verbleibende Gesamtkapazität** der einzelnen Jahrgänge ermittelt sich aus: Anzahl der Maschinen · Restnutzungsdauer · Periodenkapazität je Maschine.

Werden die erzielten finanziellen Mittel nicht für Neuinvestitionen verwendet, liegt lediglich ein Kapazitäts**freisetzung**seffekt vor.

1.7 Dynamische Investitionsrechnung: Die Kapitalwertmethode

Bei der Kapitalwertmethode werden alle **Einzahlungen** und **Auszahlungen** während der **gesamten Nutzungszeit** eines Investitionsobjektes einander gegenübergestellt. Es wird geprüft, ob die Summe der Einzahlungsüberschüsse (Einzahlungen – Auszahlungen) dem Wert der Ausgabe (Investition) im Zeitpunkt der Anschaffung entspricht.

Dabei ist zu berücksichtigen, dass die Einzahlungsüberschüsse zu einem späteren Zeitpunkt als die Auszahlung im Zeitpunkt 0 anfallen. Das ist von entscheidender Bedeutung, denn 100 Euro, über die man heute verfügen kann, haben einen anderen Wert als 100 Euro, die man erst in einem Jahr erhält. Der Unterschied ergibt sich aus den Zinsen, die man für die 100 Euro erhält. Der Sachverhalt ist jedem Kaufmann von der Zinsrechnung her bekannt.

Für die Kapitalwertmethode der Investitionsrechnung ergibt sich die Folgerung, dass alle erwarteten Einzahlungsüberschüsse einer Investition, abgezinst auf den Zeitpunkt der Anschaffung, zumindest den Wert der Investitionsausgabe haben müssen. Dann nämlich hat sich das eingesetzte Kapital (das ausgegebene Geld) genau so hoch verzinst wie bei einer langfristigen Anlage bei einer Bank.

Ein **Zahlenbeispiel** soll die grundlegende Problematik und deren Lösung veranschaulichen: Angenommen, die Anschaffungskosten einer Investition betragen 100 000 Euro. Weiterhin wird angenommen, dass das Investitionsobjekt 5 Jahre lang Einzahlungsüberschüsse in Höhe von 30 000 Euro erwirtschaftet. Es stellt sich die Frage, ob der Wert dieser Einzahlungsüberschüsse im Zeitpunkt der Anschaffung (t_0) bei einem angenommenen Zinssatz von 7 % größer oder kleiner ist als der Wert der Auszahlung (Anschaffungswert) im Zeitpunkt t_0.

$$\frac{30.000}{1,07^1} + \frac{30.000}{1,07^2} + \frac{30.000}{1,07^3} + \frac{30.000}{1,07^4} + \frac{30.000}{1,07^5} =$$

$$28.037 + 26.203 + 24.489 + 22.887 + 21.390 = 123.006$$

Ergebnis: Der Barwert aller Einzahlungsüberschüsse ist größer als der Wert der Auszahlung im Zeitpunkt t_0, die Investition ist vorteilhaft, weil sie mehr bringt als eine vergleichbare langfristige anderweitige Anlage des Geldes.

2 Strategisches und operatives Controlling

Alle Maßnahmen, die der **langfristigen Existenzsicherung** eines Unternehmens dienen, werden unter dem Oberbegriff **strategisches Controlling** zusammengefasst. Dem gegenüber stehen die Tätigkeiten des **operativen Controllings**, die sich auf die Planung, Steuerung und Kontrolle der **kurz- bis mittelfristigen Unternehmensprozesse** beziehen. Typische Tätigkeiten des operativen Controllings sind: die Analyse der Kostenentwicklung, die kurzfristige Erfolgsrechnung, die Deckungsbeitragsrechnung und die Plankostenrechnung.

2.1 Balanced Scorecard

Die **Balanced Scorecard** verbindet die kennzahlenbasierte **Finanzperspektive** mit einer **kunden-** und **mitarbeiterorientierten Perspektive** sowie mit einer **internen Prozessperspektive**, wodurch ein einheitliches Zielsystem entstehen kann. Sie dient der Strategiefindung und -umsetzung zur Realisierung des Unternehmensziels.

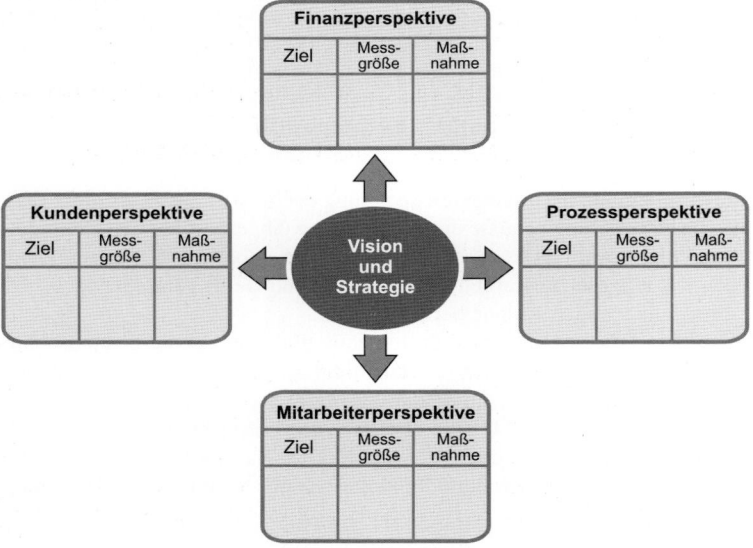

2.1.1 Die SWOT-Analyse (strategisches Controlling)

Aus der SWOT-Analyse (analysis of **s**trengths, **w**eaknesses, **o**pportunities and **t**hreats; Situationsanalyse) können mittels **Positionsanalyse im Vergleich zum Wettbewerb** konkrete Ziele (Scores) für die einzelnen Perspektiven der Balanced Scorecard ermittelt werden. Im nächsten Schritt werden entsprechende Strategien und Messgrößen zur Erfolgsermittlung abgeleitet.

Unternehmen \ Umfeld	Chancen	Risiken
Stärken	Ausbauen	Absichern
Schwächen	Aufholen	Meiden

2.1.2 Das Kennzahlensystem der Balanced Scorecard

Perspektive „Finanzen"

Zielsetzungen hinsichtlich der **finanziellen Erwartungen** der Kapitalgeber: finanzbasierte Kennzahlen aus der Bilanzanalyse, Liquiditätskennzahlen sowie Kennzahlen zur Finanz- und Ertragskraft (siehe S. 1 ff.)

Perspektive „Kunden"

Zielsetzungen hinsichtlich der **Struktur** und **Anforderungen der Unternehmenskunden** (z. B. relativer Marktanteil, Kundenakquisition, Kundentreue)

Kennzahlen zur Messung des Erfolgs hinsichtlich der **Kundenzufriedenheit:**
z. B.

Weiterempfehlungsquote

$$= \frac{\text{Anzahl der Kunden, die den Betrieb weiterempfehlen}}{\text{Gesamtzahl der Kunden}} \cdot 100\,\%$$

Wiederbestellungsquote

$$= \frac{\text{Anzahl der Kunden, die einen weiteren Kauf tätigen}}{\text{Gesamtzahl der Kunden}} \cdot 100\,\%$$

Perspektive „interne Prozesse"

Zielsetzungen hinsichtlich der **internen Unternehmensprozesse** zur Realisierung der Ziele der Finanz- und Kundenperspektive (z. B. Innovationsprozesse, reibungsloser Betriebsprozess)

Beispiel: Kennzahlen zur Messung des Erfolgs hinsichtlich der **Optimierung des Betriebsprozesses:**
z. B.

Durchlaufzeit = Zeitspanne von Beginn der Bearbeitung bis zur Fertigstellung des Produkts (Rüstzeit + Bearbeitungszeit + Liegezeit)

$$\text{Fehlerquote} = \frac{\text{Anzahl der fehlerhaften Werkstücke}}{\text{Gesamtzahl der hergestellten Werkstücke}} \cdot 100\,\%$$

Perspektive „Mitarbeiter"
Zielsetzungen hinsichtlich des **Potenzials der Mitarbeiter**, um künftigen Herausforderungen gewachsen zu sein (z. B. Mitarbeiterproduktivität, Mitarbeiterentwicklung, Mitarbeiterzufriedenheit/-treue)

Kennzahlen zur Messung des Erfolgs hinsichtlich der **Mitarbeitertreue:**
z. B.

Durchschnittliche Betriebszugehörigkeit

$$= \frac{\text{Betriebszugehörigkeit aller Mitarbeiter in Jahren}}{\text{Gesamtzahl aller Mitarbeiter}}$$

Fluktuationsrate

$$= \frac{\text{abgewanderte Mitarbeiter}}{\text{Beschäftigtenzahl}} \cdot 100\,\%$$

Die vier Perspektiven der Balanced Scorecard sind **gleichwertig** und deren Gegenstände stehen in einem **Ursache-Wirkungszusammenhang** zueinander (**ganzheitliche Sichtweise**).

2.2 Die flexible Plankostenrechnung als Instrument des operativen Controllings

Die flexible Plankostenrechnung schätzt die Produktionsmenge (Planbeschäftigung) der künftigen Periode und errechnet für die **geplante Menge** die Stückkosten. Diese setzen sich zusammen aus den variablen Stückkosten (k_v) und den fixen Stückkosten (k_f). Die fixen Stückkosten errechnen sich aus den Gesamtfixkosten (K_f) geteilt durch die Planbeschäftigungsmenge (K_f/m). Die nachstehende Grafik soll die Ausgangssituation veranschaulichen:

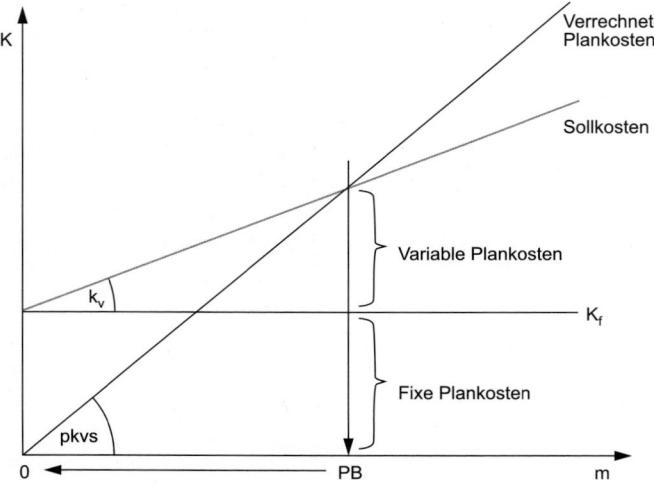

Bei der Planbeschäftigung ergibt sich:

$$pkvs = \frac{var.\ Plankosten + fixe\ Plankosten}{Planbeschäftigung}$$

(pkvs = Plankostenverrechnungssatz)

Während der sich anschließenden laufenden Produktionsperiode wird jedes Produkt mit dem Plankostenverrechnungssatz kalkuliert. Wenn mehr als geplant produziert wird, dann wird ab der Planbeschäftigungsmenge mehr kalkuliert, als an K_f tatsächlich anfällt, man spricht von einer **positiven Beschäftigungsabweichung**. Würde weniger produziert, dann würde zu wenig verrechnet und es kommt zu einer **negativen Beschäftigungsabweichung**.
Neben der Beschäftigungsabweichung kann es noch zu einer **Verbrauchsabweichung** kommen, wenn sich die Kostensituation ändert, weil z. B. mehr Material verbraucht wird. Diese Verbrauchsabweichung kann die Beschäftigungsabweichung verstärken oder kompensieren (ihr entgegenwirken). Verbrauchsabweichung und Beschäftigungsabweichung ergeben zusammen die **Gesamtabweichung**. Der Fall einer positiven Beschäftigungsabweichung und einer kleineren negativen Verbrauchsabweichung z. B. kann wie unten stehend grafisch dargestellt werden. Bei der Istbeschäftigung (IB) wird die positive Beschäftigungsabweichung (+BA) z. T. durch die negative Verbrauchsabweichung (–VA) kompensiert. Die Gesamtabweichung (GA) bleibt positiv.

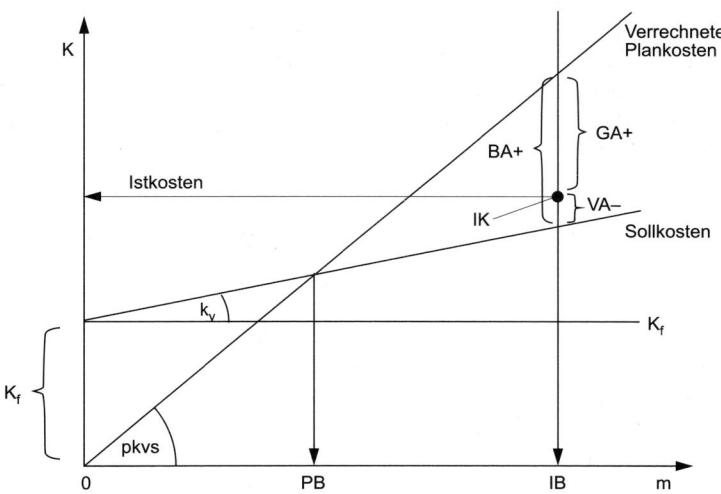

3 Optimierung des Faktoreinsatzes, Kosteneinflussgrößen und Anpassungsformen bei Beschäftigungsänderungen

3.1 Produktionsfunktionen

- Die **Produktionsfunktion vom Typ A** (nicht lehrplanrelevant) geht davon aus, dass ein fixer Faktor (z. B. Boden) mit einem oder mehreren variablen Faktoren (z. B. Arbeit) kombiniert wird. Voraussetzung ist, dass die eingesetzten Faktoren mit verschiedenen Mengenverhältnissen sinnvoll kombinierbar sind, d. h., dass der Ertrag steigen kann, wenn von einem Faktor mehr hinzugefügt wird, während der andere Faktor konstant bleibt. Man nennt die Produktionsfunktion deshalb **substitutionale Produktionsfunktion**.
- Die **Produktionsfunktion vom Typ B** geht davon aus, dass das Einsatzverhältnis aller am Produktionsprozess beteiligten Faktoren (z. B. Arbeit und Kapital) konstant ist. Sie wird auch **limitationale Produktionsfunktion** genannt (Limes = Grenze, hier also festes Einsatzverhältnis). Wenn man davon ausgeht, dass das Einsatzverhältnis der Produktionsfaktoren (bei gegebenem Stand der Technik) konstant ist, kann eine Steigerung der Produktionsmenge nur dadurch erreicht werden, dass alle am Produktionsprozess beteiligten Faktoren mit ihrem vorgegebenen Einsatzverhältnis erhöht werden. Die Folge dieser Annahme ist ein **linearer Verlauf der Gesamtkosten**.

3.2 Kritische Kostenpunkte bei linearen Gesamtkosten

Beispiel: Ein Unternehmen hat lineare Kosten, seine Kapazitätsgrenze liegt bei 1 000 Produktionseinheiten. Der Verkaufspreis je Einheit beträgt 50 Cent, die fixen Kosten belaufen sich auf 75 Euro, die variablen Stückkosten betragen 35 Cent.

Menge	US	K_f	K_v	K	p	k_v	k	K'	DB	db	k_f
0	0	75	0	75	0,50				0		
100	50	75	35	110	0,50	0,35	1,10	0,35	15	0,15	0,75
200	100	75	70	145	0,50	0,35	0,73	0,35	30	0,15	0,38
300	150	75	105	180	0,50	0,35	0,60	0,35	45	0,15	0,25
400	200	75	140	215	0,50	0,35	0,54	0,35	60	0,15	0,19
500	250	75	175	250	0,50	0,35	0,50	0,35	75	0,15	0,15
600	300	75	210	285	0,50	0,35	0,48	0,35	90	0,15	0,13
700	350	75	245	320	0,50	0,35	0,46	0,35	105	0,15	0,11
800	400	75	280	355	0,50	0,35	0,44	0,35	120	0,15	0,09
900	450	75	315	390	0,50	0,35	0,43	0,35	135	0,15	0,08
1 000	500	75	350	425	0,50	0,35	0,43	0,35	150	0,15	0,08

Die Formeln zur Ermittlung der Zahlenwerte:
- $US = m \cdot p$
- $K_v = k_v \cdot m$
- $K = K_f + K_v = K_f + k_v \cdot m$
- $k = \dfrac{K_f}{m} + k_v$
- $K' = \dfrac{K_v}{m}$; K' ist die Steigung der Gesamtkosten (K)
- $DB = US - K_v$; $db = \dfrac{DB}{m}$; $db = p - k_v$
- $k_f = \dfrac{K_f}{m}$

Die Nutzenschwelle und Beschäftigungsuntergrenze

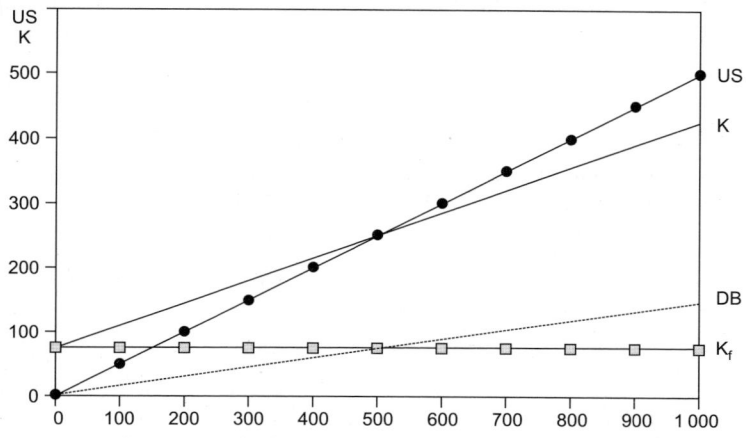

- Im Schnittpunkt von Kosten und Umsatz liegt die **Nutzenschwelle** (Break-even-Point). Bei Beschäftigungsrückgang ist dies die **langfristige Beschäftigungsuntergrenze**, denn bei dieser Menge werden die gesamten Kosten gedeckt.
- Der Stückdeckungsbeitrag (db) ist definiert mit $db = p - k_v$ und der Gesamtdeckungsbeitrag (DB) errechnet sich mit $DB = db \cdot m$. Wenn der DB die K_f deckt, sind K_f und K_v gedeckt und der Gewinn ist 0, sodass der Schnittpunkt von K_f und DB ebenfalls die **Nutzenschwelle** anzeigt.
- Die **kurzfristige** Beschäftigungsuntergrenze ist erreicht, wenn $p > k_v$. Schon die Herstellung (und der Verkauf) eines Produktes trägt zur Abdeckung der fixen Kosten und damit zur Verlustminderung bei.

Gewinnmaximum und Preisuntergrenzen
- Das Gewinnmaximum liegt an der Kapazitätsgrenze.
- Bei Preissenkungen (US-Funktion wird flacher) wird der Gewinn an der Kapazitätsgrenze geringer, bis die **langfristige Preisuntergrenze** erreicht ist (K = US an der Kapazitätsgrenze).
- Die **kurzfristige Preisuntergrenze** ist erreicht, wenn $p = k_v$, d. h. wenn die Steigung der Umsatzfunktion gleich der Steigung der Kostenfunktion ist. Umsatz- und K_v-Funktion fallen zusammen.

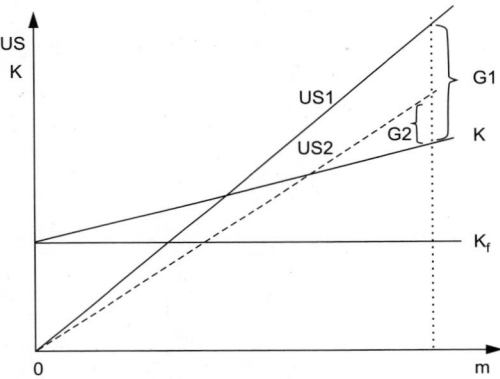

Die rechnerische Ermittlung der Nutzenschwelle
Ansatzpunkte, die Nutzenschwelle zu berechnen:
- $US = K$; $m \cdot p = K_f + k_v \cdot m$
- $DB = K_f$; $(p - k_v) \cdot m = K_f$
- $p = k$
- $db = k_f$

Änderung der Kostenstruktur
Die Umstellung auf ein anlagenintensives (technisch moderneres) Produktionsverfahren hat i. d. R. zur Folge, dass sich die fixen Kosten erhöhen, während die variablen Kosten sinken. Bei großen Ausbringungsmengen (rechts vom Schnittpunkt von K_2 mit K_1) sind die Kosten des Verfahrens 2 niedriger, also ist der Gewinn des Verfahrens 2 größer als bei Verfahren 1.

$$\frac{K_{f2} - K_{f1}}{k_{v1} - k_{v2}} = \text{Gesamtmenge}$$

(Schnittpunkt der Kostengeraden)

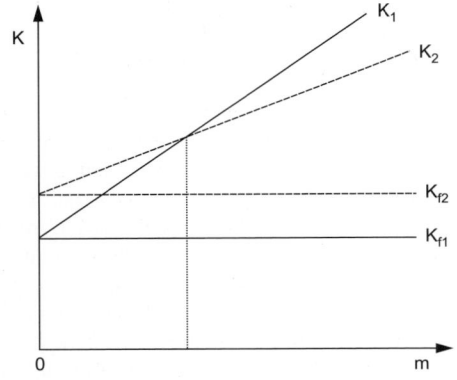

3.3 Anpassungsformen

Anpassungsformen bei kurzfristiger Kapazitätsüberschreitung

1. **Arbeitszeit (zeitliche Anpassung):**
   z. B. Überstunden, Sonderschichten, Sonntagsarbeit, Kurzarbeit, Feierschichten. Die Gesamtkosten verlaufen in diesem Fall, wie nebenstehende Grafik zeigt. Bei Überschreiten der Kapazitätsgrenze steigen die Gesamtkosten aufgrund der höheren k_v (z. B. Überstundenzuschläge) stärker an.

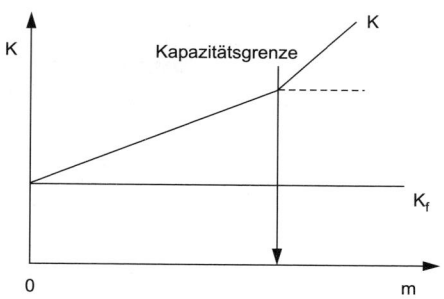

2. **Arbeitsgeschwindigkeit (intensitätsmäßige Anpassung):**
   Beschleunigung/Verlangsamung des Produktionsprozesses (z. B. Taktgeschwindigkeit bei Fließbandarbeit). Ein Unternehmen kann durch Erhöhung der Arbeitsgeschwindigkeit mehr produzieren, muss jedoch den Pfad der optimalen Arbeitsgeschwindigkeit verlassen, sodass die Gesamtkosten von Anfang an stärker steigen als bei optimaler Geschwindigkeit.

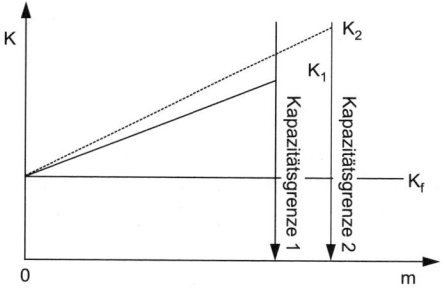

3. **Anzahl der Produktionsfaktoren (quantitative Anpassung):**
   z. B. Entlassungen, vorübergehende Stilllegung von Maschinen, Einsatz zusätzlicher Maschinen, Einstellen von Leiharbeitern.
   Wenn die eingesetzten Produktionsaggregate eine unterschiedliche Leistungsfähigkeit besitzen, dann werden diejenigen mit den geringeren variablen Kosten (die fixen Kosten fallen für alle Aggregate ohnehin an) zuerst eingesetzt (**selektive Anpassung**). Werden alle Maschinen eingesetzt, ergibt sich nebenstehendes Bild.

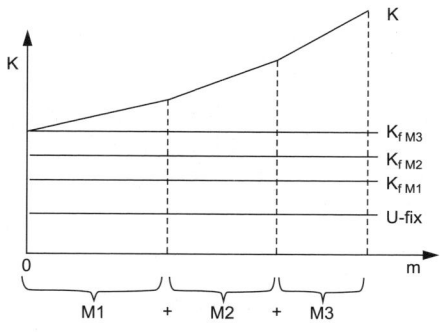

Anpassungsformen bei längerfristiger Kapazitätsüberschreitung

Erstreckt sich die Anpassungszeit über einen **längeren Zeitraum**, wird die **Betriebsgröße** als **variabel** angenommen. Es werden zwei Fälle der Anpassung unterschieden:

1. **Mutative Anpassung:**
   Die Kapazität wird durch **produktionstechnische Neugestaltung** der Produktionsverfahren erweitert. Alte Maschinen werden durch neue, leistungsstärkere Anlagen ersetzt. Die Fixkosten der Gesamtkostenfunktionen werden immer größer, der Anstieg der proportionalen Kosten verringert sich.

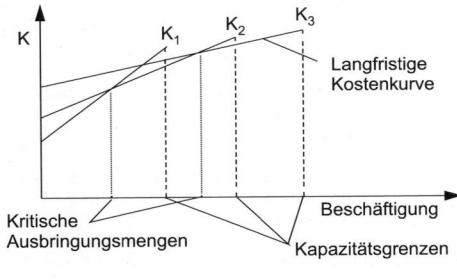

2. **Selektive Anpassung:**
   Es werden **neuartige Maschinen hinzugekauft**, um so die Kapazität zu erweitern. Es kommt zu einem sprunghaften Anstieg der Fixkosten. Bei einem Rückgang der Produktion werden schließlich zuerst die Maschinen verkauft, welche höhere Kosten verursachen.

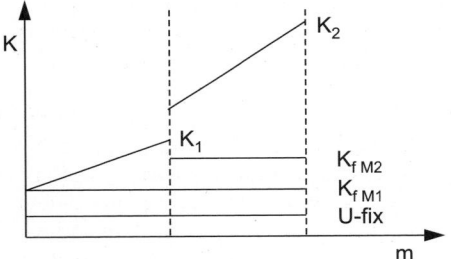

Nutzkosten, Leerkosten, Kostenremanenz

Bei kurzfristiger Minderung des Beschäftigungsgrades (der Produktionsmenge) bleiben die fixen Kosten der einzelnen Aggregate bestehen und nur die variablen Kosten verringern sich. Der Teil der fixen Kosten, der genutzt wird, heißt **Nutzkosten**, der nicht genutzte Teil der fixen Kosten heißt **Leerkosten**.

Allgemeine Formel zur Berechnung der **Nutzkosten (K_N)**: $K_N = \dfrac{m_e}{m_x} \cdot K_f$

Allgemeine Formel zur Berechnung der **Leerkosten (K_L)**: $K_L = \dfrac{(m_x - m_e)}{m_x} \cdot K_f$

Bedeutung der Variablen: m_x = maximale Menge, m_e = effektive Menge

Die Fixkosten, die bei Produktionsrückgang überhaupt nicht mehr genutzt werden, nennt man **Remanenzkosten**.

Neben den betriebsergebnisrelevanten Entscheidungsgrößen hinsichtlich der Produktionsmenge spielen heute auch andere Entscheidungsgrößen wie etwa **gesellschaftliche** oder **ökologische Kosten** eine immer wichtigere Rolle.

4 Sach- und personenorientierte Personalführung und -entwicklung

4.1 Motivationstheorien

4.1.1 Herzbergs Zwei-Faktoren-Theorie (Inhaltstheorie)

- **Kerngedanke:** Der Wegfall von Unzufriedenheit führt nicht zu Zufriedenheit. Zufriedenheit wird von **Motivatoren** erzeugt, während die Unzufriedenheit von **Hygienefaktoren** beseitigt wird.

Zunehmender Einsatz von Hygienefaktoren →

Unzufriedenheit → Fortfall von Unzufriedenheit

Zunehmender Einsatz von Motivatoren →

keine Zufriedenheit → hoch motiviert = Zufriedenheit

- **Hygienefaktoren:** Umfeld der Arbeit, z. B. Bezahlung, Verhältnis zur Führungskraft
- **Motivatoren:** Arbeit „an sich", z. B. Ausmaß der Verantwortung, Anerkennung
- **Kritik:** Zufriedenheit und Unzufriedenheit sind nicht operationalisierbar (wissenschaftlich überprüfbar oder messbar).

4.1.2 Zielsetzungstheorie nach Locke und Latham (Prozesstheorie)

- **Kerngedanke:** Menschen lassen sich von **Zielen**, die möglichst **präzise, herausfordernd** und **gemeinsam formuliert** sind und die ihr Handeln **unmittelbar beeinflussen**, motivieren. Voraussetzung ist, dass die Ziele als verbindlich und erreichbar erachtet werden. Während der Zielerreichungsphase sollten die Mitarbeiter ein regelmäßiges Feedback erhalten.
- **Formulierung der Ziele nach der SMART-Regel:**

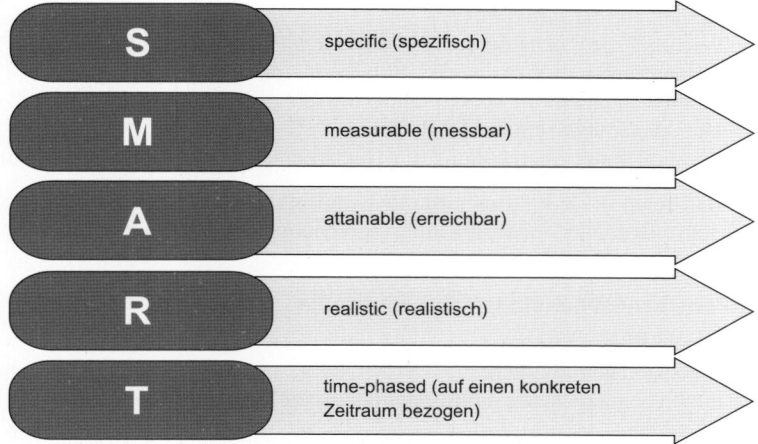

S — specific (spezifisch)
M — measurable (messbar)
A — attainable (erreichbar)
R — realistic (realistisch)
T — time-phased (auf einen konkreten Zeitraum bezogen)

4.2 Das Menschenbild nach McGregor

Zwei Betrachtungsweisen:

	Theorie X (traditionelle Sicht)	Theorie Y
Menschen-bild	• angeborene Abneigung gegen Arbeit • Ablehnung von Verantwortung • wenig Ehrgeiz • Streben nach (materieller) Sicherheit	• grundsätzliche Leistungsbereitschaft • Streben nach Selbstverwirklichung • Selbstdisziplin, Selbstkontrolle • Verantwortungsbereitschaft • Verpflichtungsgefühl gegenüber einem Ziel bei entsprechender Identifikation
Konsequenzen	• Notwendigkeit strenger Vorschriften und Kontrollen • geringe Anforderungen an die Mitarbeiter • Betonung von Autorität und Kontrolle → passives Arbeitsverhalten	• Übertragung von Verantwortung und Erweiterung von Handlungsspielräumen bei überwiegender Selbstkontrolle der Mitarbeiter • Beteiligung an Entscheidungen → Engagement für die Arbeit

Vorgesetzte werden in Abhängigkeit von ihrem Menschenbild einen entsprechenden Führungsstil wählen und umgekehrt werden sich die Mitarbeiter entsprechend verhalten (**Selffulfilling Prophecy**).

4.3 Aufgabenorientierte und personenorientierte Führungsstile

- **Aufgabenorientierter Führungsstil:** Orientierung an den zu erreichenden Zielen, Leistungsdruck auf die Mitarbeiter
  Ziel: fehlerfreie Prozessabläufe; i. d. R. autoritäres Führungsverhalten
- **Personenorientierter Führungsstil:** Mitarbeiter als Partner zur gemeinsamen Zielerreichung, Interesse an dessen Bedürfnissen und Wünschen, Loyalität des Vorgesetzten gegenüber seinen Mitarbeitern
  Ziel: Motivation durch Anerkennung; i. d. R. partnerschaftliches Führungsverhalten

In der Realität treten beide Führungsstile **in Kombination** auf. Leistungsdruck wird z. B. bei gleichzeitiger Wertschätzung und Anerkennung der Mitarbeiter ausgeübt.

4.4 Ein- und zweidimensionale Führungsstile

Eindimensionale Führungsstile
In der eindimensionalen Betrachtung werden Führungsstile ausschließlich anhand des unterschiedlichen Ausmaßes an Entscheidungsbeteiligung unterschieden:

- **Autoritärer Führungsstil:** Mitarbeiter werden nicht/kaum an Entscheidungen beteiligt. Die Führungsperson entscheidet bei hoher Aufgabenorientierung allein.

- **Kooperativer Führungsstil:** Mitarbeiter sind am Entscheidungsprozess beteiligt und verfügen über eigene Entscheidungskompetenzen. Im Extremfall koordiniert die Führungsperson nur die Bereiche, innerhalb derer die Mitarbeiter entscheiden.

Zweidimensionales Verhaltensgitter nach Blake und Mouton

Blake und Mouton unterscheiden Führungsstile anhand der Dimensionen „Sach-" und „Menschenorientierung". Es ergeben sich grundsätzlich fünf Kombinationen:

Hoch	9	**1,9-Führungsverhalten** **Samthandschuh-Management** • Rücksichtnahme auf die Bedürfnisse der Mitarbeiter • Gemächliches Arbeitstempo • Freundliches Betriebsklima • Gefahr von Vernachlässigung der Ergebnisse				**9,9-Führungsverhalten** **Team-Management** • Hohe Arbeitsleistung engagierter Mitarbeiter • Hochwertige Ergebnisse durch Mitwirkung, Mitverantwortung, Gemeinschaft			
	8								
	7								
Menschenorientierung	6			**5,5-Führungsverhalten** **Organisations-Management** Gleichgewicht/Kompromisslösung zwischen Notwendigkeit, eine bestimmte Arbeit auszuführen, und der Aufrechterhaltung einer zufriedenstellenden Betriebsmoral					
	5								
	4								
	3	**1,1-Führungsverhalten** **Überlebens-Management** • Der Führungsperson liegt wenig an den Produktionserfordernissen und den Bedürfnissen der Mitarbeiter. • Gefahr von Resignation				**9,1-Führungsverhalten** **Befehl-Gehorsam-Management** • Einsatz von Macht und Autorität gegenüber Mitarbeitern • Konzentration auf den maximalen Betriebserfolg			
	2								
Niedrig	1								
		1	2	3	4	5	6	7	8	9
		Niedrig			**Sachorientierung**			**Hoch**		

nach: Blake/Mouton: Verhaltenspsychologie im Betrieb. Der Schlüssel zur Spitzenleistung. Das neue Grid-Management-Konzept in einer vollkommen überarbeiteten Neuauflage. Übertragen aus dem Amerikanischen von Ursel Reineke, Econ Verlag Wien 1986, S. 28.

4.5 Managementtechniken

Ausgewählte Management-by-Prinzipien

- **Management by Objectives (Führung durch Zielvereinbarung):** Bei diesem Konzept erarbeiten Vorgesetzte und Mitarbeiter gemeinsam die Ziele, die erreicht werden sollen. Über die Mittel zur Zielerreichung können die Mitarbeiter frei entscheiden. Das Ergebnis wird kontrolliert. Der Grad der Zielerreichung bildet dann auch die Grundlage für Gehaltszahlungen und Beförderungen.

- **Management by Exception (Führung nach dem Ausnahmeprinzip):** Die einzelnen Führungskräfte/Mitarbeiter haben jeweils einen Aufgabenbereich, in den die Geschäftsführung nur dann eingreift, wenn es zu Abweichungen von den gesetzten Zielen kommt.
- **Management by Delegation (Führung durch Aufgabendelegation):** Die Aufgabenbereiche der mittleren und unteren Führungsebenen werden klar umrissen. Sie erhalten so viel Entscheidungsbefugnis und Verantwortlichkeit wie möglich, um die Unternehmensspitze zu entlasten. Dieses Leitungsprinzip stimmt mit dem kooperativen Führungsstil überein.

4.6 Instrumente und Ziele der Personalentwicklung (PE)

Die Ziele der Personalentwicklung lassen sich in die Entwicklung von **fachlichen**, **methodischen** und **sozialen** Kompetenzen untergliedern.

Ziele aus Sicht des Unternehmens: Erweiterung der fachlichen Qualifikation, Steigerung von Motivation und Zufriedenheit, Ausbilden von Fach- und Führungskräften, Weiterentwicklung der sozialen und persönlichen Qualifikation

Ziele aus Sicht der Mitarbeiter: Steigerung der individuellen Mobilität, Verbesserung der Chancen auf Selbstverwirklichung, Steigerung des Ansehens, Verbesserung der Chancen auf dem Arbeitsmarkt, Aktivierung ungenutzter Potenziale, Sicherung der notwendigen Kompetenzen zur Erfüllung der Aufgaben (Sicherung des Arbeitsplatzes), Ausbau der methodischen, fachlichen und persönlichen Qualifikation

Instrumente der Personalentwicklung bei Aus- und Weiterbildung
- **Into-the-Job-Maßnahmen (berufsvorbereitende Maßnahmen):** Vorbereitung auf die Aufnahme neuer Aufgaben im Job oder auf eine neue Position, z. B. Trainee-Programme, Einarbeitungsprogramme, Praktika
- **On-the-Job-Maßnahmen („Learning by Doing"):** Praxisnaher Erwerb von Wissen im Job mit regelmäßiger Kontrolle und Feedback, z. B. Job Rotation, Job Enlargement, Job Enrichment
- **Near-the-Job-Maßnahmen (Nähe zum Arbeitsplatz):** Weiterentwicklung der Fähigkeiten in räumlicher, zeitlicher und inhaltlicher Nähe zum aktuellen Job, z. B. Qualitätszirkel
- **Off-the-Job-Maßnahmen (Maßnahmen abseits vom Arbeitsplatz):** Maßnahmen mit keiner zeitlichen und inhaltlichen Nähe zum Job, z. B. externe Seminare, Kongresse, Outdoor-Training
- **Along-the-Job-Maßnahmen (berufsbegleitende Maßnahmen):** Laufbahnbegleitende Weiterbildungsmaßnahmen, die über einen längeren Zeitraum festgelegt sind; Vorbereitung auf eine Position, die am Ende dieser Laufbahn steht, z. B. Coaching und Mentoring von „High Potentials"
- **Out-of-the-Job-Maßnahmen (Maßnahmen zur Personalfreisetzung):** Fortbildung mit dem Ziel der „Freisetzung" und der Beschäftigungsfähigkeit scheidender Mitarbeiter bei Erhalt des Know-hows im Unternehmen, z. B. Ruhestandsvorbereitung, „gleitender Ruhestand", Outplacement

Bayern • FOS • BOS 13
Übungsaufgaben zur Analyse des Jahresabschlusses und zu Formen der Finanzierung

Aufgabe 1 FOS/BOS 13, 2019, 3

1.0 Die VENUS AG legt jeweils zum 31. 12. folgende Bilanzen (Werte in Tsd. €) vor:

Aktiva	2017	2018	Passiva	2017	2018
Grundstücke	8.000	10.000	Gezeichnetes Kapital	10.540	14.580
Gebäude	5.260	8.330	Kapitalrücklage	2.900	6.940
Maschinen	2.200	2.350	Gewinnrücklagen	7.500	7.460
BGA	260	320	Bilanzgewinn	4.300	4.060
Finanzanlagen	4.490	4.200	Pensionsrückstellungen	1.360	1.240
Vorräte	10.950	12.500	Sonstige Rückstellungen	2.690	2.880
Forderungen aLL	7.750	9.420	Langfr. Verbindlichkeiten	9.000	12.500
Wertpapiere UV	3.960	5.120	Verbindlichkeiten aLL	6.800	7.000
Flüssige Mittel	2.220	4.420			
	45.090	56.660		45.090	56.660

Im Rahmen einer Kapitalerhöhung zum 01. 07. 2018 wurden 808.000 junge Aktien ausgegeben. Für das Geschäftsjahr 2018 erhalten die Inhaber der alten Aktien die höchstmögliche auf volle 10 Cent gerundete Dividende. Die Inhaber der jungen Aktien sind nur zeitanteilig dividendenberechtigt. Alle Aktien der VENUS AG haben den gleichen Nennwert.

1.1 Berechnen Sie die jeweilige Stückdividende in Euro, die die Inhaber der alten und der jungen Aktien für das Geschäftsjahr 2018 erhalten.

1.2 Ermitteln Sie den Gewinnvortrag des Jahres 2018 für das Jahr 2019.

1.3 Erstellen Sie für das Jahr 2018 die Strukturbilanz nach vollständiger Ergebnisverwendung und prüfen Sie, ob die goldene Bilanzregel im engeren Sinne zum 31. 12. 2018 eingehalten wird.

1.4 Ermitteln und beurteilen Sie die Liquiditätsgrade 1 und 2 zum 31. 12. 2018.

1.5 Berechnen Sie die Fremdkapitalquote und den statischen Verschuldungsgrad zum 31. 12. 2018.

1.6 Der VENUS AG stellt sich zu Beginn des Jahres 2019 die Frage, ob eine Investition mit Eigen- oder Fremdkapital finanziert werden soll. Ihr liegt folgendes Diagramm vor:

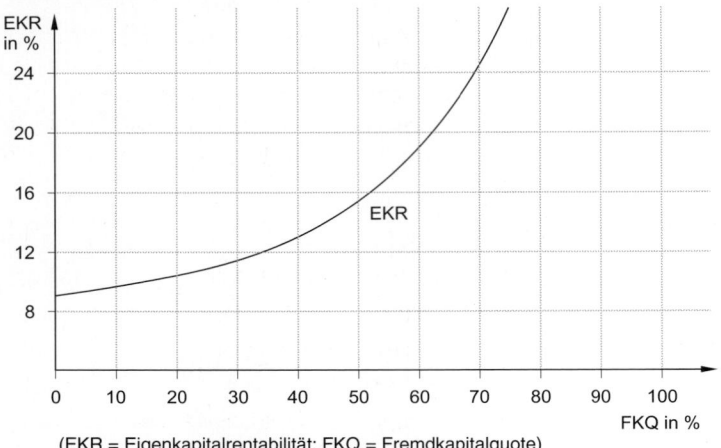

(EKR = Eigenkapitalrentabilität; FKQ = Fremdkapitalquote)

1.6.1 Beschreiben und erklären Sie die dargestellte Entwicklung der Eigenkapitalrentabilität.

1.6.2 Die VENUS AG entscheidet sich für die Fremdfinanzierung. Beschreiben Sie einen möglichen finanzwirtschaftlichen Zielkonflikt dieser Entscheidung.

Vorgegebene Bewertungseinheiten:

Aufgabe	1.1	1.2	1.3	1.4	1.5	1.6.1	1.6.2
BE	4	2	4	4	2	3	2

Lösungsvorschlag

1.1 Berechnung der Stückdividende alter und junger Aktien

> **TIPP** Bestimmen Sie zuerst den Nennwert pro Aktie, damit Sie die Anzahl der alten Aktien ermitteln können.
> Der Bilanzgewinn soll möglichst vollständig als Dividende ausgeschüttet werden, wobei die Stückdividende auf volle 10 Cent zu runden ist.
> Beachten Sie die zeitanteilige Ausschüttung bei den jungen Aktien.

$$\text{Nennwert} = \frac{\Delta \text{ gez. Kapital}}{\text{Anzahl neue Aktien}}$$

$$= \frac{14.580.000{,}00 \text{ €} - 10.540.000{,}00 \text{ €}}{808.000 \text{ St.}} = 5 \text{ €/St.}$$

$$\text{Anzahl der alten Aktien} = \frac{10.540.000{,}00 \text{ €}}{5 \text{ €/St.}} = 2.108.000 \text{ St.}$$

Bilanzgewinn = Dividende alte Aktien + Dividende neue Aktien

4.060.000,00 € = Stückdividende · 2.108.000 St.

$$+ \frac{6}{12} \cdot \text{Stückdividende} \cdot 808.000 \text{ St.}$$

$$4.060.000{,}00 \text{ €} = \text{Stückdividende} \cdot (2.108.000 \text{ St.} + \frac{6}{12} \cdot 808.000 \text{ St.})$$

$$\text{Stückdividende} = \frac{4.060.000{,}00 \text{ €}}{2.108.000 \text{ St.} + \frac{6}{12} \cdot 808.000 \text{ St.}} = 1{,}616 \text{ €/St.}$$

$$\approx 1{,}60 \text{ €/St.}$$

Stückdividende alte Aktien = **1,60 € / St.**

Stückdividende neue Aktien = **0,80 € / St.**

1.2 Ermittlung des Gewinnvortrags

Bilanzgewinn	4.060.000,00 €	
− Dividende alte Aktien	3.372.800,00 €	(2.108.000 St. · 1,60 €/St.)
− Dividende neue Aktien	646.400,00 €	(808.000 St. · 0,80 €/St)
= Gewinnvortrag für 2019	**40.800,00 €**	

1.3 Erstellung der Strukturbilanz und Anwendung der goldenen Bilanzregel

> **TIPP** Die Strukturbilanz fordert eine Zusammenfassung der einzelnen Posten zu den übergeordneten Posten Anlagevermögen, Umlaufvermögen, Eigenkapital, langfristiges Fremdkapital und kurzfristiges Fremdkapital. Beachten Sie den Zeitpunkt der Erstellung (nach vollständiger Ergebnisverwendung 2018).
> Die goldene Bilanzregel im engeren Sinne besagt, dass langfristiges Vermögen auch langfristig finanziert werden soll.

AV = Grundstücke + Gebäude + Maschinen + BGA + Finanzanlagen
= 25.200.000,00 €

UV = Vorräte + Forderungen aLL + Wertpapiere UV + flüssige Mittel
= 31.460.000,00 €

EK = gez. Kapital + Kapitalrücklage + Gewinnrücklage + Gewinnvortrag
(aus 1.2) = 29.020.800,00 €

Langfristiges FK = Pensionsrückstellungen + langfr. Verbindlichkeiten
= 13.740.000,00 €

Kurzfristiges FK = Sonst. Rückstellungen + Verbindlichkeiten aLL
+ Dividende alte Aktien (aus 1.2) + Dividende neue Aktien (aus 1.2) = 13.899.200,00 €

Aktiva	(in €)	Passiva	
AV	25.200.000,00	EK	29.020.800,00
UV	31.460.000,00	Langfr. FK	13.740.000,00
		Kurzfr. FK	13.899.200,00
	56.660.000,00		56.660.000,00

Das EK ist größer als das AV, die goldene Bilanzregel im engeren Sinne wird daher eingehalten.

1.4 Ermittlung und Beurteilung der Liquiditätsgrade 1 und 2

Liquiditätsgrad 1

$$= \frac{\text{flüssige Mittel}}{\text{kurzfristiges FK}} \cdot 100\,\%$$

$$= \frac{4.420.000,00\ €}{13.899.200,00\ €} \cdot 100\,\% = \mathbf{31{,}80\,\%}$$

Liquiditätsgrad 2

$$= \frac{\text{flüssige Mittel} + \text{Foderungen aLL} + \text{Wertpapiere UV}}{\text{kurzfr. FK}} \cdot 100\ \%$$

$$= \frac{4.420.000,00\ € + 9.420.000,00\ € + 5.120.000,00\ €}{13.899.200,00\ €} \cdot 100\ \%$$

$$= 136{,}41\ \%$$

Der Liquiditätsgrad 1 ist gut, da er im Normbereich von 20–50 % liegt, während der Liquiditätsgrad 2 zu hoch liegt (Normbereich 80–100 %).

1.5 Ermittlung der Fremdkapitalquote und des statischen Verschuldungsgrads

$$\text{Fremdkapitalquote} = \frac{\text{FK}}{\text{GK}} \cdot 100\ \% = \frac{27.639.200,00\ €}{56.660.000,00\ €} \cdot 100\ \% = \mathbf{48{,}78\ \%}$$

$$\text{Statischer Verschuldungsgrad} = \frac{\text{FK}}{\text{EK}} \cdot 100\ \% = \frac{27.639.200,00\ €}{29.020.800,00\ €} \cdot 100\ \%$$

$$= \mathbf{95{,}24\ \%}$$

1.6.1 Beschreibung und Erklärung der Entwicklung der Eigenkapitalrentabilität

> **TIPP** Betrachten Sie zuerst das Diagramm und vollziehen Sie die Zusammenhänge zwischen den beiden Achsen (Fremdkapitalquote und Eigenkapitalrentabilität) nach. Überlegen Sie, welche Konsequenzen sich aus den Zusammenhängen ergeben.

Die Eigenkapitalrentabilität steigt mit zunehmendem Fremdkapitalanteil (Fremdkapitalquote), d. h. der Zinssatz für das aufgenommene Fremdkapital liegt unter der Gesamtkapitalrentabilität. Es liegt ein positiver Leverage-Effekt vor.

1.6.2 Möglicher finanzwirtschaftlicher Zielkonflikt bei Fremdfinanzierung

Durch die Fremdfinanzierung steigt die Eigenkapitalrentabilität aufgrund des positiven Leverage-Effekts. Gleichzeitig sinkt jedoch aufgrund der steigenden Fremdkapitalquote die Kreditwürdigkeit.

Aufgabe 2 FOS/BOS 13, 2017, 3

2.0 Die SCHLIERSEE AG legt jeweils zum 31. 12. folgende Bilanzen (Werte in Mio. €) vor:

Aktiva	2015	2016	Passiva	2015	2016
Grundstücke	1.500	1.800	Gezeichnetes Kapital	1.000	?
Gebäude	500	700	Kapitalrücklage	60	?
Maschinen	450	540	Gewinnrücklagen	210	331
Fuhrpark	100	500	Gewinnvortrag	50	30
BGA	200	300	Jahresüberschuss	420	980
Finanzanlagen	140	220	Pensionsrückstellungen	120	150
Vorräte	100	280	Langfr. Verbindlichkeiten	850	480
Forderungen aLL	70	226	Verbindlichkeiten aLL	360	180
Flüssige Mittel	10	45			
	3.070	4.611		3.070	4.611

Alle Aktien haben einen Nennwert von 10,00 € pro Stück. Im Januar 2016 führte die SCHLIERSEE AG eine Kapitalerhöhung durch. Die Aktien wurden ohne Agio ausgegeben. Für das Geschäftsjahr 2016 wurde beschlossen, an alle Aktionäre eine Dividende in Höhe von 30 % auszuschütten. Der Gewinnvortrag in das Jahr 2017 beträgt 40 Mio. €.

2.1 Ermitteln Sie für das Jahr 2015 die Dividende in Prozent.

2.2 Berechnen Sie die Anzahl der jungen Aktien und ermitteln Sie die Höhe der Gewinnrücklagen zum 31. 12. 2016 nach Ergebnisverwendung.

2.3 Berechnen und beurteilen Sie den Anlagedeckungsgrad II der SCHLIERSEE AG zum 31. 12. 2016.

2.4 Die SCHLIERSEE AG schaffte zu Beginn des Jahres 2014 mehrere gleichartige Maschinen an. Die Gesamtkapazität jeder Maschine beträgt 300.000 Stück. Die Nutzungsdauer der Maschinen beträgt 4 Jahre. Die Bedingungen des Lohmann-Ruchti-Effekts sind erfüllt. Aus der Controlling-Abteilung sind folgende Werte bekannt:

Jahr	Anzahl Maschinen 01.01.	Anschaffungskosten gesamt 01.01.
2014		
2015		
2016	9	180.000,00
2017		
2018	8	

Am Ende des Jahres 2015 sind nach Vornahme der Investition noch freie Mittel in Höhe von 5.000,00 € vorhanden.

2.4.1 Ermitteln Sie den Bestand an Maschinen zum 01.01.2017 und berechnen Sie, wie viele Maschinen Ende 2017 abgehen.

2.4.2 Ermitteln Sie die Periodenkapazität des Jahres 2017 sowie deren Veränderung gegenüber der Periodenkapazität des Jahres 2015 in Prozent.

2.5 Die Unternehmensleitung der SCHLIERSEE AG entscheidet sich für das „Sale-and-lease-back" eines Verwaltungsgebäudes.

2.5.1 Zeigen Sie einen finanzwirtschaftlichen Zielkonflikt auf, der mit dieser Maßnahme verbunden ist.

2.5.2 Diskutieren Sie, wie sich diese Maßnahme auf den Unternehmenserfolg der SCHLIERSEE AG auswirkt.

Vorgegebene Bewertungseinheiten:

Aufgabe	2.1	2.2	2.3	2.4.1	2.4.2	2.5.1	2.5.2
BE	3	4	3	4	3	2	3

Lösungsvorschlag

2.1 Ermittlung der Dividende

> **TIPP** Die Höhe der Dividende kann aus der Ergebnisverwendungsrechnung ermittelt werden. Die Differenz der Gewinnrücklagen in einer Bilanz vor Ergebnisverwendung entspricht der Einstellung im älteren Jahr.

Jahresüberschuss 2015	420 Mio. €
+ Gewinnvortrag aus 2014	50 Mio. €
− Einstellungen in die GRL 2015	121 Mio. €
= Bilanzgewinn 2015	349 Mio. €
− Dividende 2015	319 Mio. €
= Gewinnvortrag aus 2015	30 Mio. €

(= 331 Mio. € − 210 Mio. €)

Dividende in Prozent (2015):

$$= \frac{\text{Dividende}}{\text{gez. Kapital}} \cdot 100\% = \frac{319 \text{ Mio. €}}{1.000 \text{ Mio. €}} \cdot 100\% = \mathbf{31{,}90\%}$$

2.2 Berechnung der Anzahl junger Aktien und Höhe der Gewinnrücklagen

> **TIPP** Eine Ausgabe ohne Agio bedeutet, dass sich die Kapitalrücklage nicht ändert. Aus der Bilanzsumme lässt sich somit das gezeichnete Kapital 2016 errechnen.

Kapitalrücklage$_{2016}$ = 60 Mio. € − 0 Mio. € = 60 Mio. €

Gez. Kapital$_{2016}$ = (4.611 − 60 − 331 − 30 − 980 − 150 − 480 − 180) Mio. €
= 2.400 Mio. €

Anzahl junge Aktien

$$= \frac{\Delta \text{ gez. Kapital}}{\text{NW je Aktie}} = \frac{2.400 \text{ Mio. €} - 1.000 \text{ Mio. €}}{10{,}00 \text{ €/St.}} = \mathbf{140 \text{ Mio. St.}}$$

Jahresüberschuss 2016	980 Mio. €
+ Gewinnvortrag aus 2015	30 Mio. €
− Einstellungen in die GRL	250 Mio. €
= Bilanzgewinn	760 Mio. €
− Dividende	720 Mio. €
= Gewinnvortrag aus 2016	40 Mio. €

(= 30 % · 2.400 Mio. €)

Gewinnrücklagen$_{2016}$ nach Erg. verw.
= 331 Mio. € + 250 Mio. € = 581 Mio. €

2.3 Berechnung und Beurteilung des Anlagedeckungsgrads II

	gezeichnetes Kapital	2.400 Mio. €
+	Kapitalrücklage	60 Mio. €
+	Gewinnrücklagen	581 Mio. €
+	Gewinnvortrag	40 Mio. €
=	SB EK_{2016}	3.081 Mio. €

	Pensionsrückstellungen	150 Mio. €
+	Langfr. Verbindlichkeiten	480 Mio. €
=	SB langfr. FK_{2016}	630 Mio. €

	Grundstücke	1.800 Mio. €
+	Gebäude	700 Mio. €
+	Maschinen	540 Mio. €
+	Fuhrpark	500 Mio. €
+	BGA	300 Mio. €
+	Finanzanlagen	220 Mio. €
=	SB AV_{2016}	4.060 Mio. €

$$\text{AD II} = \frac{EK_{2016} + \text{langfr. } FK_{2016}}{AV_{2016}} \cdot 100\ \% = \frac{(3.081 + 630)\ \text{Mio. €}}{4060\ \text{Mio. €}} \cdot 100\ \%$$
$$= 91{,}40\ \%$$

Nach der goldenen Bilanzregel i. w. S. sollte der Anlagendeckungsgrad II mindestens 100 % betragen. Sie ist somit nicht erfüllt.

2.4.1 Ermittlung des Maschinenbestands und Maschinenabgangs

> **TIPP** Die Erstanschaffung erfolgte im Jahr 2014. Die in diesem Jahr angeschafften Maschinen scheiden Ende 2017 aus. Da die Anzahl der Maschinen zu Beginn des Jahres 2018 bekannt ist, kann hieraus die Anzahl der Erstanschaffung ermittelt werden.

$$\text{AK einer Maschine} = \frac{AK_{2016}}{Anzahl_{2016}} = \frac{180.000{,}00\ \text{€}}{9} = 20.000{,}00\ \text{€}$$

$$\text{Abschreibung je Jahr und Maschine} = \frac{\text{AK einer Maschine}}{ND} = \frac{20.000{,}00\ \text{€}}{4\ \text{Jahre}}$$
$$= 5.000{,}00\ \text{€/Jahr}$$

Jahr	Anzahl Maschinen in Stück	Summe Abschreibung in €	verfügbare Mittel in €	Zugänge in Stück	freie Mittel in €
2015	...	...	...	...	5.000,00
2016	9	45.000,00	50.000,00	2	10.000,00
2017	11	55.000,00	65.000,00	3	...
2018	8	...	...	...	...

Abgänge$_{2017}$ = Anzahl$_{2017}$ + Zugänge$_{2017}$ − Anzahl$_{2018}$ = 11 + 3 − 8 = 6 Stück

Am 01. 01. 2017 beträgt der Bestand 11 Maschinen. Zum Ende dieses Jahres gehen 6 Maschinen ab.

2.4.2 Ermittlung der Periodenkapazität und der prozentualen Veränderung

Im ersten Jahr lagen Abschreibungen in Höhe von
6 · 5.000,00 € = 30.000,00 € vor. Ende 2014 konnte damit 1 Maschine beschafft werden. Zu Beginn des Jahres 2015 waren also 7 Maschinen vorhanden.

Periodenkapazität pro Maschine: $\dfrac{300.000 \text{ St.}}{4} = 75.000$ St.

Periodenkapazität 2017: 11 · 75.000 St. = 825.000 St.

$$\Delta \text{ Periodenkapazität} = \dfrac{11 \text{ St.} \cdot \text{PK} - 7 \text{ St.} \cdot \text{PK}}{7 \text{ St.} \cdot \text{PK}} \cdot 100\ \% = \dfrac{11 \text{ St.} - 7 \text{ St.}}{7 \text{ St.}} \cdot 100\ \%$$

$$= 57{,}14\ \%$$

2.5.1 Finanzwirtschaftlicher Zielkonflikt beim „Sale-and-lease-back"

> **TIPP** Die finanzwirtschaftlichen Ziele lauten: Rentabilität, Liquidität, Sicherheit, Kreditwürdigkeit, Unabhängigkeit und Elastizität.

z. B.:
− Wenn das Verwaltungsgebäude verkauft wird, erhöht sich die Liquidität. Allerdings verringern die vertraglichen Verpflichtungen gegenüber dem Leasinggeber die Unabhängigkeit.
− Wenn das Verwaltungsgebäude verkauft wird, erhöht sich die Liquidität. Nach dem Verkauf steht jedoch weniger Vermögen in Form von Anlagevermögen zur Verfügung, weshalb die Kreditwürdigkeit sinkt.

2.5.2 Auswirkung des „Sale-and-lease-back" auf den Unternehmenserfolg

Durch den Verkauf entfallen die Aufwendungen für Abschreibungen auf das Verwaltungsgebäude. Allerdings stellen die Leasingraten neue Aufwendungen dar. Es kann davon ausgegangen werden, dass die Leasingraten höher sind als die Abschreibungen. Die Aufwendungen nehmen somit zu, die Auswirkungen auf den Unternehmenserfolg sind deshalb negativ.

Aufgabe 3   FOS/BOS 13, 2015, 1

3.0 Die BIBERKOPF AG legt jeweils zum 31. 12. folgende Bilanzen (Werte in Tsd. €) vor:

Aktiva	2013	2014	Passiva	2013	2014
Grundstücke	5.700	5.500	Gezeichnetes Kapital	?	10.000
Gebäude	7.500	8.000	Kapitalrücklage	8.800	10.600
Technische Anlagen	4.180	5.680	Gewinnrücklagen	6.250	7.000
BGA	1.500	1.600	Bilanzgewinn	2.240	2.800
Finanzanlagen	1.650	1.785	Pensionsrückstellungen	12	10
Vorräte	8.500	8.700	Sonst. Rückstellungen	?	4.200
Forderungen aLL	9.250	8.500	Langfr. Verbindlichk.	2.500	3.200
Wertpapiere UV	50	45	Verbindlichkeiten aLL	1.800	1.900
Flüssige Mittel	2.170	1.400	Sonst. kurzfr. Verbindl.	2.200	1.500
	40.500	41.210		40.500	41.210

Zusätzlich liegen für das Geschäftsjahr 2014 folgende Werte (in Tsd. €) vor:
Fremdkapitalzinsen   380
bilanzielle Abschreibungen   850
kalkulatorische Abschreibungen   840

Zum 01. 04. 2014 erfolgte eine Kapitalerhöhung mit einem Bezugsverhältnis von 4:1. Alle Aktien haben einen Nennwert von 5,00 €. Für das Geschäftsjahr 2014 erhalten die Aktionäre der alten Aktien eine Stückdividende in Höhe von 1,40 €. Die Aktionäre der jungen Aktien sind nur zeitanteilig dividendenberechtigt. Der Bilanzgewinn des Jahres 2013 wurde vollständig ausgeschüttet.

3.1 Ermitteln Sie für die Kapitalerhöhung im April 2014 den Ausgabekurs der jungen Aktien in Euro.

3.2 Berechnen Sie auf Grundlage der vorliegenden Werte die Höhe der Eigenfinanzierung für das Geschäftsjahr 2014 und benennen Sie die entsprechenden Finanzierungsarten.

3.3 Die BIBERKOPF AG überprüft ihre Liquiditätssituation zum 31. 12. 2014.

3.3.1 Ermitteln und beurteilen Sie die Liquiditätsgrade 1 und 2.

3.3.2 Begründen Sie, wie sich der Einsatz von Factoring auf die Liquiditätsgrade 1 und 2 auswirken würde.

3.4 Die BIBERKOPF AG plant für das kommende Geschäftsjahr den Bau eines Forschungslabors im Wert von 2.000 Tsd. €.

Begründen Sie rechnerisch und verbal, ob es unter sonst gleichen Bedingungen für die Entwicklung der Eigenkapitalrentabilität vorteilhaft ist, den Bau mit einem langfristigen Darlehen zu einem Zinssatz von 5,50 % p. a. zu finanzieren.

3.5 Die BIBERKOPF AG kaufte zu Beginn des Jahres 2014 sechs gleichartige Maschinen mit Anschaffungskosten zu jeweils 15.000,00 €. Die Jahreskapazität einer Maschine beträgt 18.000 Stück bei einer Nutzungsdauer von 3 Jahren.
Im Laufe der Geschäftsjahre soll die Kapazität unter Ausnutzung des Lohmann-Ruchti-Effektes erweitert werden. Dabei ist zu beachten, dass die Anschaffungskosten einer Maschine jährlich um 750,00 € steigen.

3.5.1 Stellen Sie den Kapazitätserweiterungseffekt in einer Tabelle dar. Die Tabelle soll für die Jahre 2014 bis 2017 mindestens die folgenden Spalten umfassen: Jahr, Bestand an Maschinen zum 01. 01., jährliche Abschreibung, Abgang am 31. 12., Zugang fürs Folgejahr, Anschaffungskosten pro Maschine fürs Folgejahr und freie Mittel nach Investition.

3.5.2 Berechnen Sie die Gesamtkapazität zu Beginn des Jahres 2016.

Vorgegebene Bewertungseinheiten:

Aufgabe	3.1	3.2	3.3.1	3.3.2	3.4	3.5.1	3.5.2
BE	3	5	4	3	3	5	2

Lösungsvorschlag

3.1 Ermittlung des Ausgabekurses

> **TIPP** Ein Bezugsverhältnis von 4:1 bedeutet, dass zu vier Teilen alter Aktien durch die Kapitalerhöhung ein Teil junger Aktien kommt. Nach der Kapitalerhöhung 2014 sind also fünf Teile vorhanden.

Gezeichnetes Kapital$_{2014}$ = 10.000 Tsd. € (5 Teile)

1 Teil junge Aktien	4 Teile alte Aktien
$\hat{=} 10.000 \text{ Tsd. €} \cdot \frac{1}{5}$	$\hat{=} 10.000 \text{ Tsd. €} \cdot \frac{4}{5}$
= 2.000 Tsd. €	= 8.000 Tsd. €

$$\text{Anzahl junge Aktien} = \frac{\Delta \text{ Kapital}}{\text{Nennwert je St.}} = \frac{2.000 \text{ Tsd. €}}{5 \text{ €/St.}} = 400 \text{ Tsd. St.}$$

> **TIPP** Der Ausgabekurs junger Aktien setzt sich zusammen aus dem Nennwert (wird dem gezeichneten Kapital zugeführt) und dem Agio (wird der Kapitalrücklage zugeführt).

$$\text{Agio} = \frac{\Delta \text{ Kapitalrücklage}}{\text{Anzahl junge Aktien}} = \frac{10.600 \text{ Tsd. €} - 8.800 \text{ Tsd. €}}{400 \text{ Tsd. St.}}$$
$$= 4,50 \text{ €/St.}$$

Ausgabekurs = Nennwert + Agio = 5,00 €/St. + 4,50 €/St. = **9,50 €/St.**

3.2 Berechnung der Eigenfinanzierung, Benennung der Finanzierungsart

> **TIPP** Die Eigenfinanzierung setzt sich zusammen aus der offenen Selbstfinanzierung, der stillen Selbstfinanzierung und der Beteiligungsfinanzierung (Kapitalerhöhung).
> Die offene Selbstfinanzierung kann auf zwei Arten ermittelt werden:
> Offene SF = JÜ – Dividende = Δ Gewinnrücklagen + Δ Gewinnvortrag

Ergebnisverwendung 2014:

Jahresüberschuss	3.550 Tsd. €	
+ Gewinnvortrag aus 2013	0 Tsd. €	Vollausschüttung 2013
– Einstellungen in die Gewinnrücklagen	750 Tsd. €	= (7.000 – 6.250) Tsd. €
= Bilanzgewinn	2.800 Tsd. €	
– Dividende	2.660 Tsd. €	s. u.
= Gewinnvortrag aus 2014	140 Tsd. €	

Anzahl alte Aktien $= \dfrac{\text{gez. Kapital}_{2013}}{\text{NW je St.}} = \dfrac{8.000 \text{ Tsd. €}}{5{,}00 \text{ €/St.}} = 1.600$ Tsd. St.

Dividende alte Aktien	$= 1.600$ Tsd. St. $\cdot$ 1,40 €/St. $=$	2.240 Tsd. €
+ Dividende junge Aktien	$= 400$ Tsd. St. $\cdot$ 1,40 €/St. $\cdot \dfrac{9}{12} =$	420 Tsd. €
= Dividende 2014		2.660 Tsd. €

Offene SF $\quad = 3.550$ Tsd. € $- 2.660$ Tsd. € $= 890$ Tsd. €

Stille SF $\quad =$ bilanzielle Abschreibung $-$ kalkulatorische Abschreibung
$\quad\quad\quad\quad = 850$ Tsd. € $- 840$ Tsd. € $= 10$ Tsd. €

Beteiligungs- $\quad = \Delta$ gez. Kapital $+ \Delta$ Kapitalrücklage
finanzierung $\quad = 2.000$ Tsd. € $+ (10.600 - 8.800)$ Tsd. € $= 3.800$ Tsd. €

Eigenfinanzierung $= 890$ Tsd. € $+ 10$ Tsd. € $+ 3.800$ Tsd. € $= $ **4.700 Tsd. €**

3.3.1 Ermittlung und Beurteilung der Liquiditätsgrade 1 und 2

> **TIPP** Die Liquiditätsgrade beziehen die liquiden Mittel auf das kurzfristige Fremdkapital. Bei der Liquidität 1. Grades (= Barliquidität) werden die flüssigen Mittel (Kasse, Bank, Schecks) durch das kurzfristige Fremdkapital geteilt; bei der Liquidität 2. Grades (= einzugsbedingte Liquidität) sind es die flüssigen Mittel, die Forderungen und die Wertpapiere des UV.

$FK_{\text{kurzfristig}}\quad =$ sonst. Rückstellungen $+$ Verbindlichkeiten aus
$\quad\quad\quad\quad\quad\quad\quad$ L. u. L. $+$ sonst. kurzfristige Verbindlichkeiten $+$ Dividende
$\quad\quad\quad\quad\quad\quad = 4.200$ Tsd. € $+ 1.900$ Tsd. € $+ 1.500$ Tsd. € $+ 2.660$ Tsd. €
$\quad\quad\quad\quad\quad\quad = 10.260$ Tsd. €

Liquiditätsgrad I $= \dfrac{\text{flüssige Mittel}_{1.\text{ Grades}}}{FK_{\text{kurzfr.}}} \cdot 100\,\%$

$\quad\quad\quad\quad\quad\quad\; = \dfrac{1.400 \text{ Tsd. €}}{10.260 \text{ Tsd. €}} \cdot 100\,\% = \mathbf{13{,}65\,\%}$

Der Normbereich liegt bei 20 % – 50 %. Der erreichte Wert ist also zu niedrig. Es liegt eine Unterliquidität vor.

Liquiditätsgrad II $= \dfrac{\text{flüssige Mittel}_{2.\text{ Grades}}}{FK_{\text{kurzfr.}}} \cdot 100\,\%$

$\quad\quad\quad\quad\quad\quad\;\; = \dfrac{(1.400 + 45 + 8.500) \text{ Tsd. €}}{10.260 \text{ Tsd. €}} \cdot 100\,\% = \mathbf{96{,}93\,\%}$

Der Normbereich liegt bei 80 % – 100 % und ist somit erfüllt.

3.3.2 Auswirkung des Factorings auf die Liquiditätsgrade 1 und 2

> **TIPP** Beim Factoring werden Forderungen an den Factor verkauft. Der Factor behält einen bestimmten Prozentsatz als Gebühr ein. Der Rest fließt dem Unternehmen in Form von liquiden Mitteln sofort (d. h. zu einem früheren Zeitpunkt) zu.

Durch den früheren Mittelzufluss steigen die flüssigen Mittel und somit der Liquiditätsgrad I an. Da der Factor einen bestimmten Prozentsatz als Gebühr einbehält, ist die Abnahme der Forderungen stärker als die Zunahme der flüssigen Mittel. Der Liquiditätsgrad II sinkt somit.

3.4 Einfluss eines langfristigen Darlehens auf die Eigenkapitalrentabilität

> **TIPP** Nach dem Leverage-Effekt verbessert eine Fremdfinanzierung die Eigenkapitalrentabilität, wenn die Gesamtkapitalrentabilität über dem Fremdkapitalzinssatz liegt.

$$\text{GKR} = \frac{\text{JÜ} + \text{Zinsen}_{FK}}{\text{Gesamtkapital}_{AB}} \cdot 100\ \% = \frac{3.550\ \text{Tsd.}\ € + 380\ \text{Tsd.}\ €}{40.500\ \text{Tsd.}\ €} \cdot 100\ \%$$
$$= 9{,}70\ \%$$

Die Gesamtkapitalrentabilität (9,70 %) liegt über dem Fremdkapitalzinssatz (5,50 %). Deshalb kann gemäß dem Leverage-Effekt über eine Fremdfinanzierung (langfristiges Darlehen) die Eigenkapitalrentabilität verbessert werden.

3.5.1 Darstellung des Kapazitätserweiterungseffekts in Tabellenform

> **TIPP** Der Kapazitätserweiterungseffekt (Lohmann-Ruchti-Effekt) beschreibt, wie durch die Reinvestition von Mitteln, die durch Abschreibungen frei werden, die Kapazität eines Maschinenparks ohne zusätzlichen Mittelzufluss von außen erweitert werden kann. In der vorliegenden Aufgabe wird dieser Effekt jedoch durch jährlich steigende Anschaffungskosten reduziert. Die Abschreibungen müssen für die einzelnen Jahrgänge getrennt ermittelt werden, da sich diese in ihren Anschaffungskosten unterscheiden.

Jahr	Bestand am 01.01.	Abschreibung in €	Abgang zum 31.12.	Zugang im Folgejahr	AK je Maschine im Folgejahr in €	freie Mittel nach Investition in €
2014	6	30.000,00		1	15.750,00	14.250,00
2015	7	35.250,00		3	16.500,00	0,00
2016	10	51.750,00	6	3	17.250,00	0,00
2017	7	39.000,00	1	2	18.000,00	3.000,00

freie Mittel$_{2015}$ = 14.250,00 € + 35.250,00 € − 3 · 16.500,00 € = 0,00 €

Abschreibungen:

	Summe der Abschreibung in €	Abschreibung der einzelnen Jahrgänge in €			
Jahr		2014	2015	2016	2017
	AK im Jahr	6 · 15.000,00	1 · 15.750,00	3 · 16.500,00	3 · 17.250,00
2014	30.000,00	30.000,00			
2015	35.250,00	30.000,00	5.250,00		
2016	51.750,00	30.000,00	5.250,00	16.500,00	
2017	39.000,00		5.250,00	16.500,00	17.250,00

3.5.2 Berechnung der Gesamtkapazität

TIPP Die verbleibende Gesamtkapazität der einzelnen Jahrgänge ermittelt sich aus: Anzahl der Maschinen · Restnutzungsdauer · Periodenkapazität je Maschine.

$$\text{Gesamtkapazität} = \underbrace{6 \cdot 1 \cdot 18.000 \text{ St.}}_{2014} + \underbrace{1 \cdot 2 \cdot 18.000 \text{ St.}}_{2015} + \underbrace{3 \cdot 3 \cdot 18.000 \text{ St.}}_{2016}$$

$$= 306.000 \text{ St.}$$

Aufgabe 4

4.0 Die BRAHMS AG legt jeweils zum 31. 12. folgende Bilanzwerte (in €) vor:

	2012	2013
Gezeichnetes Kapital	2.100.000,00	3.000.000,00
Kapitalrücklage	60.000,00	210.000,00
Gesetzliche Rücklage	30.000,00	?
Andere Gewinnrücklagen	350.000,00	450.000,00
Gewinn-/Verlustvortrag	−20.000,00	21.000,00
Pensionsrückstellungen	580.000,00	720.000,00
Kurzfristige Rückstellungen	140.000,00	145.000,00
Langfristige Verbindlichkeiten	2.050.000,00	2.060.000,00
Kurzfristige Verbindlichkeiten	?	1.462.000,00
Summe	?	?

Außerdem sind für das Geschäftsjahr 2013 folgende weitere Daten bekannt:
Jahresüberschuss 760.000,00 €
bilanzielle Abschreibungen auf Sachanlagen 440.000,00 €
Fremdkapitalzinsen 250.850,00 €
Fremdfinanzierung insgesamt 168.000,00 €

Alle Aktien haben einen Nennwert von 5,00 €. Im Jahr 2013 führte die BRAHMS AG am 01. 04. 2013 und am 01. 11. 2013 jeweils eine Kapitalerhöhung durch. Bei der zweiten Kapitalerhöhung am 01. 11. 2013 betrug das Bezugsverhältnis 4:1 und der Emissionspreis 5,70 €/Aktie. Die Aktien aus der Kapitalerhöhung vom 01. 04. 2013 bzw. 01. 11. 2013 sind zeitanteilig für das Geschäftsjahr dividendenberechtigt. Zum 31. 12. 2013 wurden 37.000,00 € in die gesetzliche Rücklage eingestellt.

4.1 Berechnen Sie den Emissionskurs je Aktie in Euro aus der Kapitalerhöhung vom 01. 04. 2013.

4.2 Ermitteln Sie die Stückdividende für eine junge Aktie aus der Kapitalerhöhung vom 01. 04. 2013.

4.3 Am 31. 12. 2013 beträgt die Barliquidität 20 % und die umsatzbedingte Liquidität 120 %. Kundenanzahlungen liegen nicht vor.

4.3.1 Berechnen Sie die Anlagequote zum 31. 12. 2013.

4.3.2 Ermitteln und beurteilen Sie den Anlagedeckungsgrad II zum 31. 12. 2013.

4.3.3 Berechnen Sie die kurzfristigen Verbindlichkeiten zum 31. 12. 2012 und die Gesamtkapitalrentabilität für das Jahr 2013.

4.3.4 Ermitteln Sie den dynamischen Verschuldungsgrad für das Jahr 2013.

Vorgegebene Bewertungseinheiten:

Aufgabe	4.1	4.2	4.3.1	4.3.2	4.3.3	4.3.4
BE	5	5	4	3	4	4

Lösungsvorschlag

4.1 Berechnung des Emissionskurses je Aktie

> **TIPP** Die Daten zur zweiten Kapitalerhöhung liegen komplett vor. Damit kann auf den Stand vom 30. 10. zurückgerechnet werden. Die Kapitalerhöhung vom 01. 04. ergibt sich aus der Differenz dieser Werte zum Anfangsbestand.

Veränderungen zum 01. 11.:
gezeichnetes Kapital (Bezugsverhältnis 4:1)

gezeichnetes Kapital vor Erhöhung (4 Teile)	2.400.000,00 €
+ Erhöhung des gezeichneten Kapitals (1 Teil)	600.000,00 €
= gezeichnetes Kapital nach Erhöhung (5 Teile)	3.000.000,00 €

$$\text{Anzahl junge Aktien zum 01. 11.} = \frac{\Delta \text{ gez. Kapital}}{NW} = \frac{600.000,00 \text{ €}}{5,00 \text{ €/St.}}$$
$$= 120.000 \text{ Stück}$$

Kapitalrücklage (Agio je Aktie = 5,70 €/St. − 5,00 €/St. = 0,70 €/St.):

Kapitalrücklage vor Erhöhung		126.000,00 €
+ Erhöhung der Kapitalrücklage	= 120.000 · 0,70 € =	84.000,00 €
= Kapitalrücklage nach Erhöhung		210.000,00 €

Veränderungen zum 01. 04.:
gezeichnetes Kapital:

gezeichnetes Kapital vor Erhöhung	2.100.000,00 €
+ Erhöhung des gezeichneten Kapitals	300.000,00 €
= gezeichnetes Kapital nach Erhöhung	2.400.000,00 €

$$\text{Anzahl junge Aktien zum 01. 04.} = \frac{\Delta \text{ gez. Kapital}}{NW} = \frac{300.000,00 \text{ €}}{5,00 \text{ €/St.}}$$
$$= 60.000 \text{ Stück}$$

Kapitalrücklage:

Kapitalrücklage vor Erhöhung	60.000,00 €
+ Erhöhung der Kapitalrücklage	66.000,00 €
= Kapitalrücklage nach Erhöhung	126.000,00 €

Emissionskurs zum 01. 04. $= \dfrac{\Delta \text{ gez. Kapital} + \Delta \text{ KRL}}{\text{Anzahl junge Aktien}}$

$= \dfrac{300.000,00\ \text{€} + 66.000,00\ \text{€}}{60.000\ \text{St.}} = \mathbf{6{,}10\ \text{€}/\text{St.}}$

4.2 Ermittlung der Stückdividende

> **TIPP** Der Gesamtbetrag der Dividende kann aus der Ergebnisverwendung berechnet werden.

Jahresüberschuss	760.000,00 €
− Verlustvortrag Vorjahr	20.000,00 €
− Einstellung gesetzliche Rücklage	37.000,00 €
− Einstellung andere Gewinnrücklagen	100.000,00 €
= Bilanzgewinn	603.000,00 €
− Dividende	582.000,00 €
= Gewinnvortrag ins neue Jahr	21.000,00 €

Anzahl alte Aktien (Jahresbeginn) $= \dfrac{\text{gez. Kapital}}{\text{NW}} = \dfrac{2.100.000,00\ \text{€}}{5,00\ \text{€}/\text{St.}}$

$= 420.000\ \text{Stück}$

> **TIPP** Die jungen Aktien sind zeitanteilig (01. 04. → 9 Monate; 01. 11. → 2 Monate) dividendenberechtigt.

Dividende $= 582.000,00\ \text{€} = 420.000 \cdot x + 60.000 \cdot \dfrac{9}{12} \cdot x + 120.000 \cdot \dfrac{2}{12} \cdot x$

$\Rightarrow$ volle Stückdividende $= x = 1{,}20\ \text{€}/\text{St.}$

Stückdividende Aktien 01. 04. $= \dfrac{9}{12} \cdot 1{,}20\ \text{€}/\text{St.} = \mathbf{0{,}90\ \text{€}/\text{St.}}$

4.3.1 Berechnung der Anlagequote

> **TIPP** Das kurzfristige Fremdkapital und das Gesamtvermögen können direkt aus der Bilanz ermittelt werden. Das Anlagevermögen erhält man aus der Differenz von Gesamtvermögen und Umlaufvermögen, das wiederum aus der umsatzbedingten Liquidität (L_{III}) berechnet werden kann.

$FK_{kurzfr.}$ = kurzfristige Rückstellungen + kurzfristige Verbindlichkeiten
$= 145.000,00\ \text{€} + 1.462.000,00\ \text{€} = 1.607.000,00\ \text{€}$

$$L_{III} = 120{,}00\ \% = \frac{UV}{FK_{kurzfr.}} \cdot 100\ \%$$

$$\Rightarrow UV = \frac{120\ \%}{100\ \%} \cdot 1.607.000{,}00\ € = 1.928.400{,}00\ €$$

Gesamtvermögen = 8.135.000,00 €
(→ Bilanzsumme; gesetzl. RL = 67.000,00 €)
AV = GV − UV = 8.135.000,00 € − 1.928.400,00 € = 6.206.600,00 €

$$AQ = \frac{AV}{GV} \cdot 100\ \% = \frac{6.206.600{,}00\ €}{8.135.000{,}00\ €} \cdot 100\ \% = \mathbf{76{,}30\ \%}$$

4.3.2 Ermittlung und Beurteilung des Anlagedeckungsgrads II

> **TIPP** Der Zähler (EK + FK_langfr.) der Kennzahl kann am schnellsten über die Differenz von Gesamtkapital/-vermögen und kurzfristigem Fremdkapital berechnet werden.

$$\begin{aligned}
ADG\,II &= \frac{EK + FK_{langfr.}}{AV} \cdot 100\ \% \\
&= \frac{GV - FK_{kurzfr.}}{AV} \cdot 100\ \% \\
&= \frac{8.135.000{,}00\ € - 1.607.000{,}00\ €}{6.206.600{,}00\ €} \cdot 100\ \% = \mathbf{105{,}18\ \%}
\end{aligned}$$

Der ADG II liegt über 100 %. Damit ist die goldene Bilanzregel im weiteren Sinn erfüllt, wonach das langfristige Vermögen (AV) auch langfristig finanziert sein soll (EK + FK$_{langfr.}$).

4.3.3 Berechnung der kurzfristigen Verbindlichkeiten und der Gesamtkapitalrentabilität

> **TIPP** Die kurzfristigen Verbindlichkeiten müssen über die Fremdfinanzierung berechnet werden.

ΔPensionsrückstellungen	= 720.000,00 € −	580.000,00 € =	140.000,00 €
+ Δkurzfr. Rückstellungen	= 145.000,00 € −	140.000,00 € =	5.000,00 €
+ Δlangfr. Verbindlichkeiten	= 2.060.000,00 € −	2.050.000,00 € =	10.000,00 €
+ Δkurzfr. Verbindlichkeiten	= 1.462.000,00 € −	x =	13.000,00 €
= Fremdfinanzierung			168.000,00 €

kurzfr. Verbindlichkeiten$_{31.12.2012}$ = 1.462.000,00 € – 13.000,00 €
= **1.449.000,00 €**

> **TIPP** In der Beruflichen Oberschule beziehen Rentabilitätskennziffern den Erfolg i. d. R. auf den Anfangsbestand des eingesetzten Kapitals. Der Anfangsbestand des Gesamtkapitals 2013 entspricht dem Schlussbestand 2012. Dieser kann über die Bilanzsumme berechnet werden.

$$r_{GK} = \frac{JÜ + z_{FK}}{GK_{AB}} \cdot 100\ \% = \frac{760.000,00\ € + 250.850,00\ €}{6.739.000,00\ €} \cdot 100\ \% = \mathbf{15{,}00\ \%}$$

4.3.4 Ermittlung des dynamischen Verschuldungsgrads

> **TIPP** Die flüssigen Mittel können aus der Barliquidität (L$_I$) berechnet werden.

$$L_I = \frac{\text{flüssige Mittel}}{FK_{kurzfr.}} \cdot 100\ \%$$

⇒ flüssige Mittel = 20 % · 1.607.000,00 € = 321.400,00 €

Pensionsrückstellungen	720.000,00 €
+ kurzfr. Rückstellungen	145.000,00 €
+ langfr. Verbindlichkeiten	2.060.000,00 €
+ kurzfr. Verbindlichkeiten	1.462.000,00 €
= Fremdkapital	4.387.000,00 €
– flüssige Mittel	321.400,00 €
= Nettoverbindlichkeiten	4.065.600,00 €
JÜ	760.000,00 €
+ bilanzielle Abschreibungen auf SAV	440.000,00 €
+ Erhöhung der langfr. Rückstellungen	140.000,00 € (ΔPensionsrückstellungen)
= Cashflow	1.340.000,00 €

$$\text{Dyn. Verschuldungsgrad} = \frac{\text{Nettoverbindlichkeiten}}{\text{Cashflow}} = \frac{4.065.600,00\ €}{1.340.000,00\ €}$$

= **3,03 Jahre**

Aufgabe 5

FOS/BOS 13, 2013, 3

5.0 Die TERGESTE AG ist ein führender Hersteller von Fassadenelementen. Den Passivseiten der Bilanzen der TERGESTE AG sind zum 31. 12. jeweils folgende Werte in Tsd. € zu entnehmen:

	2011	2012
Gezeichnetes Kapital	6.500	8.125
Kapitalrücklage	6.240	7.800
Gewinnrücklagen	3.848	4.290
Bilanzgewinn	1.885	2.210
Pensionsrückstellungen	10.400	10.660
Sonstige Rückstellungen	975	1.040
Verbindlichkeiten gegenüber Kreditinstituten	10.972	9.500
Erhaltene Anzahlungen auf Bestellungen	234	208
Verbindlichkeiten aus Lieferungen u. Leistungen	7.696	7.907
Bilanzsumme	48.750	51.740

Alle Aktien haben einen Nennwert von 2,00 €. Für das Geschäftsjahr 2012 wurden den Aktionären der alten Aktien 25 % und den Inhabern der neuen Aktien 20 % Dividende ausbezahlt.

Für das Geschäftsjahr 2012 liegen noch folgende weitere Informationen vor:
Jahresüberschuss   2.652 Tsd. €
Abschreibungen auf Sachanlagevermögen   2.200 Tsd. €
Zinsaufwendungen   1.398 Tsd. €
Anlagedeckungsgrad II   125 %
Barliquidität   20 %

Von den Verbindlichkeiten gegenüber Kreditinstituten sind 25 % kurzfristig.

5.1 Ermitteln Sie das Bezugsverhältnis und den Ausgabekurs der jungen Aktien in Euro für die Kapitalerhöhung im April 2012.

5.2 Berechnen Sie den Anlagedeckungsgrad I zum 31. 12. 2012.

5.3 Ermitteln und beurteilen Sie den dynamischen Verschuldungsgrad der TERGESTE AG zum 31. 12. 2012.

5.4 Im Geschäftsjahr 2012 wurde, bezogen auf den gesamten Kapitalertrag, eine Umsatzrentabilität von 4,5 % erzielt. Außerdem sollte laut Zielvorgabe der Kapitalumschlag von bisher 1,5 um ein Drittel erhöht werden.

5.4.1 Weisen Sie rechnerisch nach, ob die geforderte Steigerung des Kapitalumschlags erreicht wurde.

5.4.2 Erläutern Sie zwei konkrete Maßnahmen, mit denen der Kapitalumschlag erhöht werden kann.

5.5 Zu Beginn des Jahres 2012 wurde von der TERGESTE AG ein neuer Fertigungsbereich mit 5 gleichartigen Maschinen eingerichtet, deren wirtschaftliche Nutzungsdauer mit 4 Jahren festgelegt wurde. Die Gesamtkapazität pro Maschine beträgt 56.000 Stück. Für das Jahr 2012 wurden kalkulatorische Abschreibungen von insgesamt 150.000,00 € ermittelt. Durch Reinvestition der Abschreibungsgegenwerte soll die Kapazität des neuen Fertigungsbereiches erweitert werden. Es liegt die Annahme zugrunde, dass alle Bedingungen des Lohmann-Ruchti-Effekts erfüllt sind.

5.5.1 Stellen Sie den Kapazitätserweiterungseffekt in einer Tabelle dar. Die Tabelle soll für die Jahre 2012 bis 2016 mindestens die folgenden Spalten umfassen: Jahr, Maschinenbestand zum 01.01., jährliche Abschreibung, Abgang am 31.12., Zugang fürs Folgejahr, freie Mittel nach Investition.

5.5.2 Berechnen Sie die Gesamtkapazität des Fertigungsbereiches zu Beginn des Jahres 2013.

Vorgegebene Bewertungseinheiten:

Aufgabe	5.1	5.2	5.3	5.4.1	5.4.2	5.5.1	5.5.2
BE	3	6	5	3	2	4	2

Lösungsvorschlag

5.1 Ermittlung des Bezugsverhältnisses und des Ausgabekurses

Bezugsverhältnis bei der Kapitalerhöhung

junges gez. Kapital = gez. Kapital$_{neu}$ − gez. Kapital$_{alt}$ = (8.125 − 6.500) Tsd. €
= 1.625 Tsd. €

Bezugsverhältnis = altes gez. Kapital : junges gez. Kapital = 6.500 : 1.625
= **4 : 1**

Ausgabekurs der jungen Aktien

Anzahl junge Aktien = $\dfrac{\text{junges gez. Kapital}}{\text{NW je Stück}} = \dfrac{1.625 \text{ Tsd. €}}{2,00 \text{ €/St.}} = 812,5$ Tsd. St.

Agio = Kapitalrücklage$_{neu}$ − Kapitalrücklage$_{alt}$
= (7.800 − 6.240) Tsd. €
= 1.560 Tsd. €

Agio je Aktie = $\dfrac{\text{Agio}}{\text{Anzahl Aktien}} = \dfrac{1.560 \text{ Tsd. €}}{812,5 \text{ Tsd. St.}} = 1,92$ €

Ausgabekurs = Nennwert je Stück + Agio je Stück = 2,00 € + 1,92 €
= **3,92 €**

5.2 Berechnung des Anlagedeckungsgrades I

Bilanzgewinn 2012		2.210 Tsd. €
− Dividende alte Aktien	= 0,25 · 6.500 Tsd. € =	1.625 Tsd. €
− Dividende neue Aktien	= 0,20 · 1.625 Tsd. € =	325 Tsd. €
= Gewinnvortrag für 2013		260 Tsd. €
Gezeichnetes Kapital		8.125 Tsd. €
+ Kapitalrücklage		7.800 Tsd. €
+ Gewinnrücklagen		4.290 Tsd. €
+ Gewinnvortrag für 2013		260 Tsd. €
= SB Eigenkapital		20.475 Tsd. €
Pensionsrückstellungen		10.660 Tsd. €
+ langfristige Verbindlichkeiten geg. Kreditinstituten		7.125 Tsd. € [1]
= langfristiges Fremdkapital		17.785 Tsd. €

[1] Nebenrechnung: lt. Angabe sind 75 % von 9.500 Tsd. € langfristig

> **TIPP** Die Anlagendeckungsgrade I bzw. II ermitteln, welcher Anteil des Anlagevermögens durch Eigenkapital bzw. Eigenkapital und langfristiges Fremdkapital finanziert ist. Anlagevermögen verbleibt länger im Unternehmen und sollte deshalb langfristig finanziert sein.
> Aus dem gegebenen ADG II und den berechneten Werten von Eigenkapital und langfristigem Fremdkapital kann der Wert des Anlagevermögens berechnet werden. Damit sind alle erforderlichen Werte zur Ermittlung des ADG I vorhanden.

$$\text{Anlagendeckungsgrad II} = \frac{\text{EK} + \text{langfr. FK}}{\text{AV}} \cdot 100\ \%$$

$$\Rightarrow \text{AV} = \frac{\text{EK} + \text{langfr. FK}}{\text{ADG II}} \cdot 100\ \% = \frac{(20.475 + 17.785)\ \text{Tsd. €}}{125\ \%} \cdot 100\ \%$$
$$= 30.608\ \text{Tsd. €}$$

Anlagendeckungsgrad I $= \frac{\text{EK}}{\text{AV}} \cdot 100\ \% = \frac{20.475\ \text{Tsd. €}}{30.608\ \text{Tsd. €}} \cdot 100\ \% = \mathbf{66{,}89\ \%}$

5.3 Ermittlung und Beurteilung des dynamischen Verschuldungsgrads

Jahresüberschuss	2.652 Tsd. €
+ Abschreibungen auf Sachanlagen	2.200 Tsd. €
+ Erhöhung der Pensionsrückstellungen	260 Tsd. € (10.660 – 10.400)
= Cashflow	5.112 Tsd. €

Fremdkapital = Bilanzsumme – EK = (51.740 – 20.475) Tsd. € = 31.265 Tsd. €

$$\text{Barliquidität} = \text{L I} = \frac{\text{flüssige Mittel}}{\text{kurzfristiges FK}} \cdot 100\ \%$$

$$\Rightarrow \text{flüssige Mittel} = \frac{\text{L I} \cdot \text{kurzfr. FK}}{100\ \%} = \frac{20\ \% \cdot (31.265 - 17.785)\ \text{Tsd. €}}{100\ \%}$$
$$= 2.696\ \text{Tsd. €}$$

Fremdkapital	31.265 Tsd. €
– erhaltende Anzahlungen auf Bestellungen	208 Tsd. €
– flüssige Mittel	2.696 Tsd. €
= Effektivverschuldung	28.361 Tsd. €

$$\textbf{dynam. Verschuldungsgrad} = \frac{\text{Effektivverschuldung}}{\text{Cashflow}} = \frac{28.361\ \text{Tsd. €}}{5.112\ \text{Tsd. €}}$$
$$= \mathbf{5{,}55\ \text{Jahre}}$$

Der dynamische Verschuldungsgrad sollte maximal 4 Jahre betragen. **Der ermittelte Wert ist somit zu hoch.**

TIPP Die Effektivverschuldung gibt einen Bestand an, während der Cashflow eine Flussgröße ist, die auf ein Jahr bezogen ist. Der Quotient gibt somit an, wie viele Jahre erforderlich sind, um die Effektivverschuldung durch den Cashflow zurückzuzahlen. Dabei werden ein gleichbleibender Cashflow sowie die vollständige Verwendung des Cashflows zur Schuldentilgung angenommen.

5.4.1 Rechnerischer Nachweis der Zielerreichung bzgl. Kapitalumschlag

TIPP Kapitalumschlag und Umsatzrentabilität sind die Komponenten des ROI. Das Ergebnis des Return-On-Investment (ROI) ist identisch mit der Rentabilität. Deshalb existiert der ROI auch in zwei Varianten: Der ROI_{GK} entspricht der Gesamtkapitalrentabilität und der ROI_{EK} entspricht der Eigenkapitalrentabilität. Im Gegensatz zur Rentabilität erlaubt der ROI über seine Komponenten eine genauere Analyse über die Faktoren des erzielten Erfolges. Die Bezugsgröße beim Kapitalumschlag ist bei den Prüfungsaufgaben der Anfangsbestand des EK bzw. GK!

$$\text{Umsatzrentabilität} = \frac{\text{Jahresüberschuss} + \text{Fremdkapitalzinsen}}{\text{Umsatzerlöse}} \cdot 100\,\%$$

$$\Rightarrow \text{Umsatzerlöse} = \frac{\text{Jahresüberschuss} + \text{Fremdkapitalzinsen}}{\text{Umsatzrentabilität}} \cdot 100\,\%$$

$$= \frac{(2.652 + 1.398)\ \text{Tsd.}\ \text{€}}{4{,}5\,\%} \cdot 100\,\% = 90.000\ \text{Tsd.}\ \text{€}$$

$$\text{Kapitalumschlag} = \frac{\text{Umsatzerlöse}}{\text{Gesamtkapital}_{AB}} = \frac{90.000\ \text{Tsd.}\ \text{€}}{48.750\ \text{Tsd.}\ \text{€}} = 1{,}85$$

Die angestrebte Erhöhung des Kapitalumschlags um ein Drittel (von 1,5 auf 2) wurde somit nicht erreicht.

5.4.2 Maßnahmen zur Erhöhung des Kapitalumschlags

TIPP Die Zielsetzung kann entweder durch eine Verbesserung der Umsatzerlöse (Zähler) oder durch eine Verringerung des Gesamtkapitals (Nenner) erreicht werden. Von den folgenden Beispielen müssen nur zwei genannt werden.

- z. B.: Umsatzsteigerung durch Maßnahmen des Marketing-Mixes (Werbung, Preisgestaltung, Sales-Promotion etc.);
- z. B.: Reduzierung des gebundenen Kapitals durch Optimierung des Lager- und Bestellwesens, Abbau von Forderungen (Zahlungsfristen, Factoring), Leasing statt Kauf.

5.5.1 Darstellung des Kapazitätserweiterungseffekts in Tabellenform

$$\text{Abschreibung je Maschine} = \frac{\text{Gesamtabschreibung}}{\text{Anzahl Maschinen}} = \frac{150 \text{ Tsd. €}}{5 \text{ St.}}$$
$$= 30 \text{ Tsd. €/St.}$$

Anschaffungskosten = Abschreibung · Nutzungsdauer
$$= 30 \text{ Tsd. €} \cdot 4 = 120 \text{ Tsd. €}$$

Jahr	Bestand 01.01. in St.	Abschreibung in €	Zugang in St.	Abgang in St.	freie Mittel in €
2012	5	150.000,00	1		30.000,00
2013	6	180.000,00	1		90.000,00
2014	7	210.000,00	2		60.000,00
2015	9	270.000,00	2	5	90.000,00
2016	6	180.000,00	2	1	30.000,00

NR für 2013:
Abschreibung = Bestand · Abschreibung je Maschine
$$= 6 \cdot 30.000,00 \text{ €} = 180.000,00 \text{ €}$$

$$\text{Zugang} = \frac{\text{Abschreibung}_{2013} + \text{freie Mittel}_{2012}}{\text{AK je Maschine}}$$

$$= \frac{180.000,00 \text{ €} + 30.000,00 \text{ €}}{120.000,00 \text{ €}} = 1 \text{ (Rest } 90.000,00 \text{ €)}$$

Freie Mittel: Rest der vorausgegangenen Rechnung

5.5.2 Berechnung der Gesamtkapazität zu Beginn des Jahres 2013

Die Gesamtkapazität einer Maschine beträgt zu Beginn 56.000 Stück und nimmt pro Periode um $\frac{56.000}{4} = 14.000$ Stück ab:

Gesamtkapazität$_{2013}$ = 5 · (56.000 St. – 1 · 14.000 St.) + 1 · 56.000 St.
  = **266.000 Stück**

Aufgabe 6   FOS/BOS 13, 2012, 3

6.0   Die WÖHE AG legt jeweils zum 31. 12. folgende Bilanzen (Werte in Mio. €) vor:

Aktiva	2010	2011	Passiva	2010	2011
Sachanlagen	2.350,0	2.490,0	Gezeichnetes Kapital	750,0	875,0
Vorräte	870,0	920,0	Kapitalrücklage	265,0	515,0
Forderungen	490,2	519,0	Gewinnrücklagen	263,8	283,0
Wertpapiere UV	38,8	12,6	Bilanzgewinn	74,0	100,1
Flüssige Mittel	47,0	70,4	Pensionsrückstellungen	325,3	376,0
			Kurzfr. Rückstellungen	182,2	145,2
			Langfr. Verbindlichk.	807,8	867,0
			Kurzfr. Verbindlichk.	1.127,9	850,7
	3.796,0	4.012,0		3.796,0	4.012,0

Alle Aktien der WÖHE AG haben einen Nennwert von 5,00 €. Im Jahr 2010 wurde eine Dividende in Höhe von 8 % ausgeschüttet. Im Jahr 2011 beträgt die Stückdividende für die alten Aktien 0,63 €; die jungen Aktien sind nur zeitanteilig dividendenberechtigt. Nach Ausschüttung der Dividende für das Jahr 2011 verbleibt ein Gewinnvortrag von 0,35 Mio. €. Im Jahr 2011 wurden insgesamt 122,46 Mio. € an Fremdkapitalzinsen bezahlt und die kalkulatorischen Abschreibungen auf Sachanlagen betragen 376,2 Mio. €. Im Jahr 2011 wurde ein Cashflow in Höhe von 646,0 Mio. € erwirtschaftet.

6.1   Berechnen Sie das Bezugsverhältnis der Kapitalerhöhung im Jahr 2011 und ermitteln Sie, in welchem Monat die jungen Aktien ausgegeben wurden.

6.2   Berechnen Sie die Rentabilität des Eigenkapitals für das Jahr 2011.

6.3   Berechnen Sie die Höhe der stillen Selbstfinanzierung für das Jahr 2011.

6.4   Die Liquidität der WÖHE AG ist angespannt.

6.4.1   Ermitteln Sie die Barliquidität zum 31. 12. 2011.

6.4.2   Im Zuge der Vorbereitung des Jahresabschlusses überlegt das Unternehmen, durch die Nutzung von Factoring die Barliquidität zu verbessern.

6.4.2.1   Beschreiben Sie zwei weitere Funktionen, die ein Factor für die WÖHE AG übernehmen kann.

6.4.2.2 Berechnen Sie den Mittelzufluss, der durch Factoring mindestens hätte erzielt werden müssen, damit die Barliquidität zum 31. 12. 2011 den Normbereich erreicht.

6.5 Für das Jahr 2011 ergibt sich eine Umsatzrentabilität bezogen auf den gesamten Kapitalertrag von 2,50 %.
Ermitteln Sie die Gesamtkapitalrentabilität und die Umsatzerlöse der WÖHE AG für das Jahr 2011.

6.6 Eine anstehende Erweiterungsinvestition soll entweder mit Eigenkapital oder mit Fremdkapital finanziert werden.
Begründen Sie die Höhe des Fremdkapitalzinssatzes, den die Bank maximal verlangen darf, damit eine Kreditfinanzierung bei konstanter Gesamtkapitalrentabilität vorteilhaft ist.

Vorgegebene Bewertungseinheiten:

Aufgabe	6.1	6.2	6.3	6.4.1	6.4.2.1	6.4.2.2	6.5	6.6
BE	4	4	2	2	2	2	3	2

Lösungsvorschlag

6.1 Berechnung des Bezugsverhältnisses der Kapitalerhöhung und Ermittlung des Ausgabemonats

> **TIPP** Das Bezugsverhältnis (BV) gibt an, auf wie viele alte Aktien eine neue Aktie ausgegeben wird.

neues gezeichnetes Kapital $= 875{,}00$ Mio. € $- 750{,}00$ Mio. €
$= 125{,}00$ Mio. €

Anzahl alte Aktien $= \dfrac{\text{altes gezeichnetes Kapital}}{\text{Nennwert je Aktie}} = \dfrac{750 \text{ Mio. €}}{5 \text{ €/Aktie}}$
$= 150$ Mio. Aktien

Anzahl junge Aktien $= \dfrac{\text{neues gezeichnetes Kapital}}{\text{Nennwert je Aktie}} = \dfrac{125 \text{ Mio. €}}{5 \text{ €/Aktie}}$
$= 25$ Mio. Aktien

BV $= \dfrac{\text{Anzahl alte Aktien}}{\text{Anzahl junge Aktien}} = \dfrac{150 \text{ Mio. Aktien}}{25 \text{ Mio. Aktien}}$
$= \mathbf{6:1}$

Ausgabemonat der jungen Aktien:
Ermittlung des Ausgabemonats:

Bilanzgewinn 2011	100,10 Mio. €
− Dividende alte Aktien = 150 Mio. · 0,63 € =	94,50 Mio. €
− Dividende junge Aktien	5,25 Mio. €
= Gewinnvortrag 2011	0,35 Mio. €

Stückdividende $= \dfrac{\text{Dividende junge Aktien}}{\text{Anzahl junge Aktien}} = \dfrac{5{,}25 \text{ Mio. €}}{25 \text{ Mio. Aktien}} = 0{,}21$ €/Aktie

dividendenberechtigte Monate $= \dfrac{\text{Stückdividende junge Aktien}}{\text{Stückdividende alte Aktien}} \cdot 12 = \dfrac{0{,}21}{0{,}63} \cdot 12$
$= 4$ Monate,
d. h., der Ausgabemonat war September 2011.

6.2 Berechnung der Eigenkapitalrentabilität

Bilanzgewinn 2010		74,00 Mio. €
− Dividende 2010	= 750,00 Mio. · 8 % =	60,00 Mio. €
= Gewinnvortrag 2010		14,00 Mio. €

Jahresüberschuss 2011	105,30 Mio. €	
+ Gewinnvortrag 2010	14,00 Mio. €	
− Einstellungen in Gewinnrücklagen	19,20 Mio. €	= (283,00 − 263,80) Mio. €
= Bilanzgewinn 2011	100,10 Mio. €	

Anfangsbestand des Eigenkapitals 2011 (= Schlusskapital 2010!):

gezeichnetes Kapital	750,00 Mio. €
+ Kapitalrücklage	265,00 Mio. €
+ Gewinnrücklagen	263,80 Mio. €
+ Gewinnvortrag	14,00 Mio. €
= Anfangsbestand Eigenkapital 2011	1.292,80 Mio. €

$$\text{Eigenkapitalrentabilität} = \frac{\text{JÜ}}{\text{EK}_{AB}} \cdot 100\,\% = \frac{105{,}30 \text{ Mio. €}}{1.292{,}80 \text{ Mio. €}} \cdot 100\,\%$$
$$= 8{,}15\,\%$$

6.3 Berechnung der Höhe der stillen Selbstfinanzierung

> **TIPP** Die stille Selbstfinanzierung kann in der vorliegenden Aufgabe nur aus dem Unterschied zwischen der bilanziellen und der kalkulatorischen Abschreibung ermittelt werden. Die bilanzielle Abschreibung lässt sich mithilfe des Cashflows berechnen.

Jahresüberschuss	105,30 Mio. €
+ Abschreibungen auf Sachanlagen	490,00 Mio. €
+ Erhöhung der langfristigen Rückstellungen	50,70 Mio. €
= Cashflow	646,00 Mio. €

stille Selbstfinanzierung
= bilanz. Abschreibungen − kalk. Abschreibungen
= 490,00 Mio. €   − 376,20 Mio. €   **= 113,80 Mio. €**

6.4.1 Ermittlung der Barliquidität

> **TIPP** Die Barliquidität zum 31. 12. 2011 kann direkt aus der Bilanz berechnet werden.

$$L_I = \frac{\text{flüssige Mittel}}{\text{kurzfristiges Fremdkapital}} = \frac{70{,}40 \text{ Mio. €}}{1.095{,}65 \text{ Mio. €}} = 6{,}43\,\%$$

kurzfristige Rückstellungen	145,20 Mio. €
+ kurzfrist. Verbindlichkeiten nach teilw. Ergebnisverwendung	850,70 Mio. €
+ Dividende alte Aktien 2011	94,50 Mio. €
+ Dividende junge Aktien 2011	5,25 Mio. €
= kurzfristiges Fremdkapital 2011	1.095,65 Mio. €

> **TIPP** Die Dividende stellt eine kurzfristige Verbindlichkeit gegenüber den Aktionären dar. Da eine Bilanz nach teilweiser Ergebnisverwendung vorgegeben ist, ist die Dividende jedoch noch nicht in den kurzfristigen Verbindlichkeiten enthalten.

6.4.2.1 Weitere Funktionen eines Factors

Neben der in der Aufgabenstellung angesprochenen **Finanzierungsfunktion** kann ein Factor noch zwei weitere Funktionen übernehmen:
Delkrederefunktion: Der Factor übernimmt das Kreditrisiko, d. h., er haftet bei Forderungsausfall.
Dienstleistungsfunktion: Der Factor übernimmt Servicefunktionen für seinen Kunden, wie z. B. Debitorenmanagement, Mahnwesen oder Inkasso.

6.4.2.2 Berechnung des nötigen Mittelzuflusses zur Einhaltung des Normbereichs der Barliquidität

Der Normbereich für die Barliquidität liegt zwischen 20 % und 50 %:

$$L_I = 20\,\% = \frac{70{,}40 \text{ Mio. €} + x}{1.095{,}65 \text{ Mio. €}}$$

$\Rightarrow x = 20\,\% \cdot 1.095{,}65 \text{ Mio. €} - 70{,}40 \text{ Mio. €} = \mathbf{148{,}73 \text{ Mio. €}}$

Damit der Normbereich eingehalten werden kann, wäre ein **Mittelzufluss** von mindestens 148,73 Mio. € erforderlich gewesen.

6.5 Ermittlung der Gesamtkapitalrentabilität und der Umsatzerlöse

$$GKR = \frac{\text{Jahresüberschuss + Fremdkapitalzinsen}}{\text{Gesamtkapital}_{AB}} = \frac{227{,}76 \text{ Mio. €}}{3.796{,}00 \text{ Mio. €}} = 6{,}00 \text{ \%}$$

Die Umsatzerlöse können aus der Umsatzrentabilität von 2,5 % berechnet werden:

$$UR = \frac{\text{Jahresüberschuss + Fremdkapitalzinsen}}{\text{Umsatzerlöse}} = \frac{(105{,}3 + 122{,}46) \text{ Mio. €}}{\text{Umsatzerlöse}}$$

$$\text{Umsatzerlöse} = \frac{227{,}76 \text{ Mio. €}}{2{,}5 \text{ \%}} = 9.110{,}40 \text{ Mio. €}$$

6.6 Begründung eines maximalen Fremdkapitalzinssatzes bei der Wahl der Finanzierungsform

Eine Kreditaufnahme ist vorteilhaft, wenn die Gesamtkapitalrentabilität höher ist als der Fremdkapitalzinssatz. Dann entsteht ein positiver Leverageeffekt, d. h., das eingesetzte Kapital erwirtschaftet mehr als das Fremdkapital kostet. Der „Mehrverdienst" erhöht die Verzinsung des eingesetzten Eigenkapitals (Eigenkapitalrentabilität).

Damit der Leverageeffekt positiv ist, muss der Fremdkapitalzinssatz unter der Gesamtrentabilität von 6,00 % liegen.

Bayern · FOS · BOS 13
Übungsaufgaben zum strategischen und operativen Controlling

Aufgabe 1   FOS/BOS 13, 2015, 2

1.0   Die ARBER AG stellt elektronische Bauteile her.

1.1   In der Controllingabteilung wird die flexible Plankostenrechnung angewendet.
Für den Monat März wurde für die Fertigung eines Produkts mit variablen Stückkosten in Höhe von 50,00 € und fixen Gesamtkosten von 225.000,00 € geplant. Die Planbeschäftigung beträgt 7.500 Stück. Die monatliche Kapazität liegt bei 10.000 Stück.

1.1.1   Berechnen Sie den prozentualen Anteil der Fixkosten im Plankostenverrechnungssatz für den Monat März.

1.1.2   Im Monat März ergab sich ein Mehrverbrauch in Höhe von 40.000,00 € und eine Fixkostenunterdeckung in Höhe von 15.000,00 €.
Berechnen Sie die Istbeschäftigung sowie die Istkosten.

1.1.3   Stellen Sie die Situation aus 1.1.2 in einer vollständig beschrifteten Skizze als Gesamtbetrachtung dar und zeichnen Sie alle Abweichungen mit Vorzeichen ein.

1.2   Zur Produktion von Sensoren will die ARBER AG eine neue Anlage kaufen. Zur Auswahl stehen Anlage A und Anlage B, für die folgende Daten vorliegen:

	Anlage A	Anlage B
Anschaffungskosten	2.400.000,00 €	3.210.000,00 €
Nutzungsdauer	6 Jahre	6 Jahre
Fertigungsmaterial je Stück	3,50 €	2,30 €
Fertigungslöhne je Stück	1,30 €	0,70 €
variable auszahlungswirksame Gemeinkosten je Stück	1,00 €	0,80 €
sonstige auszahlungswirksame Fixkosten pro Jahr	450.000,00 €	420.000,00 €
Erlös je Stück	17,00 €	17,50 €
Kapazität pro Jahr	100.000 Stück	
Kalkulationszinssatz p. a.	5 %	

Die ARBER AG rechnet im ersten Jahr mit einer Kapazitätsauslastung von 90 %.

1.2.1 Ermitteln Sie die Anlage mit der höheren Rentabilität.

1.2.2 Die ARBER AG entscheidet sich für den Kauf der Anlage B. Ab dem zweiten Jahr der Nutzung erhöhen sich die variablen Stückkosten auf 4,75 €. Zudem könnten die Absatzzahlen ab dem zweiten Jahr jährlich um 10 % ansteigen. Bereits nach drei Jahren der Nutzung soll die Anlage wieder verkauft werden.
Ermitteln Sie mit Hilfe der Kapitalwertmethode den notwendigen Liquidationserlös, damit eine Verzinsung von 5 % p. a. gerade noch erreicht wird.

Vorgegebene Bewertungseinheiten:

Aufgabe	1.1.1	1.1.2	1.1.3	1.2.1	1.2.2
BE	2	3	3	5	5

Lösungsvorschlag

1.1.1 Berechnung des Fixkostenanteils im Plankostenverrechnungssatz

> **TIPP** Da der Fixkostenanteil (k_f/pkvs) bei Planbeschäftigung ermittelt wird, kann er alternativ auch durch K_f/PK berechnet werden.

$$k_f = \frac{K_f}{PB} = \frac{225.000,00 \ €}{7.500 \text{ St.}} = 30,00 \ €/\text{St.}$$

$$\text{pkvs} = k_f + k_v = 30,00 \ €/\text{St.} + 50,00 \ €/\text{St.} = 80,00 \ €/\text{St.}$$

$$\text{Fixkostenanteil} = \frac{k_f}{\text{pkvs}} \cdot 100 \ \% = \frac{30,00 \ €/\text{St.}}{80,00 \ €/\text{St.}} \cdot 100 \ \% = \mathbf{37{,}50 \ \%}$$

alternativ

Fixkostenanteil

$$= \frac{K_f}{PK} \cdot 100 \ \% = \frac{225.000,00 \ €}{225.000,00 \ € + 50,00 \ €/\text{St.} \cdot 7.500 \text{ St.}} \cdot 100 \ \% = \mathbf{37{,}50 \ \%}$$

1.1.2 Berechnung der Istbeschäftigung sowie der Istkosten

> **TIPP** Fixkostenunterdeckung bedeutet eine negative Beschäftigungsabweichung; Mehrverbrauch ist ein Synonym für negative Verbrauchsabweichung.

Die Istbeschäftigung erhält man aus:

$$BA = k_f \cdot (IB - PB)$$

$$\Rightarrow \mathbf{IB} = \frac{BA}{k_f} + PB = \frac{-15.000,00 \ €}{30,00 \ €/\text{St.}} + 7.500 \text{ St.} = \mathbf{7.000 \text{ St.}}$$

$$SK = K_f + k_v \cdot IB = 225.000,00 \ € + 50,00 \ €/\text{St.} \cdot 7.000 \text{ St.}$$
$$= 575.000,00 \ €$$

Aus $VA = SK - IK$ erhält man die Istkosten:

$$\Rightarrow \mathbf{IK} = SK - VA = 575.000,00 \ € - (-40.000,00 \ €) = \mathbf{615.000{,}00 \ €}$$

1.1.3 Darstellung in einer Skizze

> **TIPP** Nachfolgende Zeichnung ist eine Skizze. Die Situation ist deshalb weder maßstabsgetreu noch werden ihre Relationen richtig dargestellt.

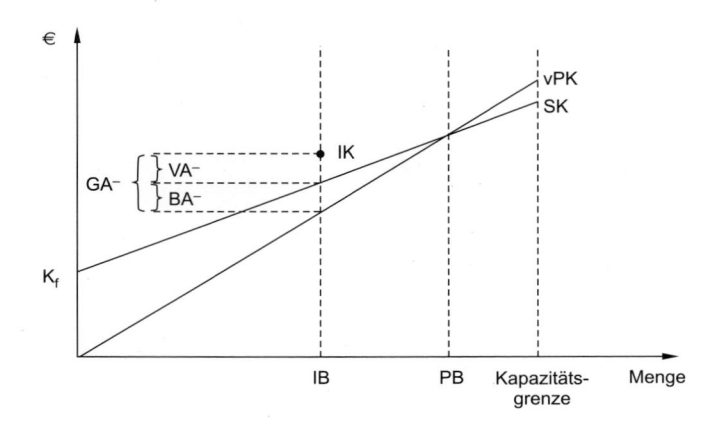

1.2.1 Ermittlung der Anlage mit der höheren Rentabilität

> **TIPP** Bei der Rentabilitätsrechnung (statische Investitionsrechen-methode) werden an der Beruflichen Oberschule die Fixkosten aus den Bestandteilen kalkulatorische Abschreibung, kalkulatorische Zinsen und sonstige Fixkosten berechnet. Der Gewinn wird in der Rentabilitätsrechnung jedoch um die kalkulatorischen Zinsen korrigiert, da diese in der Rentabilitätskennzahl enthalten sind. Ohne Korrektur würde nur die Verzinsung berechnet, die über den kalkulatorischen Zinssatz hinausgeht.
> Bezugsgröße der Rentabilität ist das durchschnittlich gebundene Kapital $\frac{AK}{2}$.

		Anlage A	Anlage B
kalkulatorische Abschreibung	$= \frac{AK}{ND} =$	400.000,00 €	535.000,00 €
+ kalkulatorische Zinsen	$= i_{kalk} \cdot \frac{AK}{2} =$	60.000,00 €	80.250,00 €
+ sonstige Fixkosten		450.000,00 €	420.000,00 €
= Fixkosten		910.000,00 €	1.035.250,00 €
(FM + FL + variable GK) · x =		5,80 €/St. · 90.000 St.	3,80 €/St. · 90.000 St.
= variable Kosten		522.000,00 €	342.000,00 €
p · x	=	17,00 €/St. · 90.000 St.	17,50 €/St. · 90.000 St.
= Erlöse		1.530.000,00 €	1.575.000,00 €
Gewinn	$= E - K_f - K_v =$	98.000,00 €	197.750,00 €

$$\text{Rentabilität}_A = \frac{\text{Gewinn} + \text{kalk. Zinsen}}{\frac{AK}{2}} \cdot 100\,\%$$

$$= \frac{98.000{,}00\ \text{€} + 60.000{,}00\ \text{€}}{\frac{2.400.000{,}00\ \text{€}}{2}} \cdot 100\,\% = 13{,}17\,\%$$

$$\text{Rentabilität}_B = \frac{\text{Gewinn} + \text{kalk. Zinsen}}{\frac{AK}{2}} \cdot 100\,\%$$

$$= \frac{197.750{,}00\ \text{€} + 80.250{,}00\ \text{€}}{\frac{3.210.000{,}00\ \text{€}}{2}} \cdot 100\,\% = 17{,}32\,\%$$

Anlage B hat die höhere Rentabilität.

1.2.2 Ermittlung des notwendigen Liquidationserlöses mithilfe der Kapitalwertmethode

> **TIPP** Um die geforderte Verzinsung zu erreichen, muss der Liquidationserlös so hoch sein, dass der Kapitalwert 0,00 € beträgt. Der gesuchte Liquidationserlös kann im dritten Jahr in einer eigenen Spalte berechnet werden.
> Achtung: Im dritten Jahr ist die vorhandene Kapazität kleiner als der mögliche Absatz!

Jahr	0	1	2	3	3
Menge x (in St.)		90.000	99.000	100.000 (!)	
var. Kosten k_v (in €)		3,80	4,75	4,75	
Preis p (in €)		17,50	17,50	17,50	
Einzahlung $p \cdot x$ (in €)		1.575.000,00	1.732.500,00	1.750.000,00	
Auszahlung:					
var. Kosten $k_v \cdot x$ (in €)		−342.000,00	−470.250,00	−475.000,00	
sonst. Fixkosten (in €)		−420.000,00	−420.000,00	−420.000,00	
Überschuss (in €)		813.000,00	842.250,00	855.000,00	**1.080.281,25**
Abzinsungsfaktor		$\dfrac{1}{1{,}05^1}$	$\dfrac{1}{1{,}05^2}$	$\dfrac{1}{1{,}05^3}$	$\dfrac{1}{1{,}05^3}$
Barwerte (in €)	3.210.000,00	774.285,71	763.945,58	738.581,15	933.187,56
Kapitalwert (in €)	0,00				

Der Liquidationserlös muss 1.080.281,25 € betragen.

Aufgabe 2

2.0 Die BRUCKNER AG stellt Designerleuchten her.

2.1 Im Zweigwerk I wird ausschließlich das Modell *Juwel* hergestellt und die flexible Plankostenrechnung angewendet. Dabei wurde für den Monat März ein Plankostenverrechnungssatz von 40,00 € ermittelt, wobei 75 % der Plankosten produktionsabhängig sind. Die tatsächlich produzierte Menge lag im Monat März mit 1.400 Stück 20 % unter der Kapazitätsgrenze. Die Planbeschäftigung betrug 1.575 Stück. Die tatsächlich in diesem Monat entstandenen Kosten betrugen 57.000,00 €.

2.1.1 Berechnen Sie die Beschäftigungs- und die Verbrauchsabweichung für den Monat März in Euro.

2.1.2 Geben Sie die Art der Verbrauchsabweichung an und nennen Sie einen Grund für diese Abweichung.

2.2 Im Zweigwerk II produziert die BRUCKNER AG den hochwertigen Strahler *Diamant*, für den aus der flexiblen Plankostenrechnung folgende nicht maßstabsgetreue Skizze für den Monat April vorliegt. Die Istkosten betragen 57,6 Tsd. €.

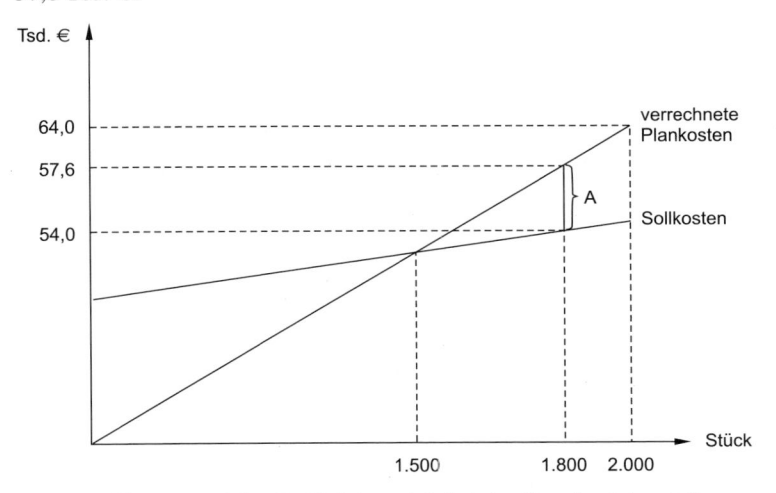

2.2.1 Erklären Sie, um welche Größe(n) es sich bei der Strecke A handelt.

2.2.2 Berechnen Sie die gesamten Fixkosten sowie die variablen Stückkosten.

2.3 Die BRUCKNER AG beabsichtigt eine neue CNC-Maschine für die Produktion der Lampenfassung *Solide* anzuschaffen. Dabei wird von folgenden Werten ausgegangen:

Anschaffungskosten	240.000,00 €
Nutzungsdauer	6 Jahre
maximale Kapazität pro Jahr	10.000 Stück
variable Stückkosten	1,80 €
sonstige auszahlungswirksame fixe Kosten pro Jahr	12.000,00 €
Verkaufspreis pro Stück	13,25 €
Umsatz im 1. Jahr	106.000,00 €
Gewinn im 1. Jahr	30.000,00 €

Die Einzahlungsüberschüsse steigen jährlich um 5.000,00 €.

2.3.1 Ermitteln Sie den erwarteten Beschäftigungsgrad im 1. Jahr und den von der BRUCKNER AG zugrunde gelegten Kalkulationszinssatz.

2.3.2 Die BRUCKNER AG kalkuliert im Rahmen der Kapitalwertmethode mit einem Zinssatz von 8 % p. a.
Beurteilen Sie mithilfe der Kapitalwertmethode, ob sich die Investition bereits nach dem 3. Nutzungsjahr lohnt.

Vorgegebene Bewertungseinheiten:

Aufgabe	2.1.1	2.1.2	2.2.1	2.2.2	2.3.1	2.3.2
BE	3	2	3	3	4	4

Lösungsvorschlag

2.1.1 Berechnung der Beschäftigungs- und Verbrauchsabweichung

> **TIPP** Der Plankostenverrechnungssatz wird bei der Planbeschäftigung ermittelt und setzt sich zusammen aus den variablen Stückkosten (k_v) und dem Fixkostenanteil (k_f):
> pkvs = $k_v + k_f$

$$\text{pkvs} = 40{,}00 \ €/\text{St.}$$

75 %   25 %

$k_v = 30{,}00\ €/\text{St.}$ $k_f = 10{,}00\ €/\text{St.}$

BA = $k_f \cdot$ (IB − PB) = 10,00 €/St. · (1.400 St. − 1.575 St.) = **−1.750,00 €**
K_f = $k_f \cdot$ PB = 10,00 €/St. · 1.575 St. = 15.750,00 €
SK   = $K_f + k_v \cdot$ IB = 15.750,00 € + 30,00 €/St. · 1.400 St. = 57.750,00 €
VA   = SK − IK = 57.750,00 € − 57.000,00 € = **750,00 €**

2.1.2 Art der Verbrauchsabweichung und möglicher Grund

Eine positive Verbrauchsabweichung ist ein **Minderverbrauch**.

Gründe hierfür sind z. B.:
– Die Ausschussproduktion lag unter dem geplanten Wert.
– Die Belegschaft hat eine überdurchschnittliche Leistung erbracht.

> **TIPP** In der Plankostenrechnung wird in der Literatur neben der Beschäftigungs- und der Verbrauchsabweichung auch noch eine Preisabweichung betrachtet. Diese ist jedoch nicht im Lehrplan der Beruflichen Oberschule enthalten. Das Argument, der Minderverbrauch liege an gefallenen Preisen der Produktionsfaktoren, gilt hier also nicht.

2.2.1 Dargestellte Größen durch die Strecke A

Die Schere zwischen verrechneten Plankosten und Sollkosten stellt immer die Beschäftigungsabweichung dar. Da die Istbeschäftigung größer ist als die Planbeschäftigung, handelt es sich in der Aufgabe um eine **positive Beschäftigungsabweichung (Mehrbeschäftigung, Fixkostenüberdeckung)**.
Außerdem liegen die Istkosten auf den verrechneten Plankosten. Damit ist die Gesamtabweichung gleich Null. Die Mehrbeschäftigung (BA+) entspricht deshalb betragsmäßig dem Mehrverbrauch (VA−). Die Strecke A stellt in der vorliegenden Aufgabe somit auch noch die **negative Verbrauchsabweichung (Mehrverbrauch)** dar.

2.2.2 Berechnung der gesamten Fixkosten sowie der variablen Stückkosten

$$BA = 57.600{,}00 \text{ €} - 54.000{,}00 \text{ €} = K_f \cdot \frac{IB - PB}{PB}$$

$$\Rightarrow K_f = 3.600{,}00 \text{ €} \cdot \frac{1.500 \text{ St.}}{1.800 \text{ St.} - 1.500 \text{ St.}} = 18.000{,}00 \text{ €}$$

$$pkvs = \frac{vPK}{IB} = \frac{57.600{,}00 \text{ €}}{1.800 \text{ St.}} = 32{,}00 \text{ €/St.}$$

$$k_v = pkvs - k_f = pkvs - \frac{K_f}{PB} = 32{,}00 \text{ €/St.} - \frac{18.000{,}00 \text{ €}}{1.500 \text{ St.}} = 20{,}00 \text{ €/St.}$$

Alternativ könnte auch eine Kostenzerlegung durchgeführt werden.

$$PK = vPK \cdot \frac{PB}{IB} = 57.600{,}00 \text{ €} \cdot \frac{1.500 \text{ St.}}{1.800 \text{ St.}} = 48.000{,}00 \text{ €}$$

1. Schritt: k_v über das Steigungsdreieck berechnen:

$$k_v = \frac{SK - PK}{IB - PB} = \frac{54.000{,}00 \text{ €} - 48.000{,}00 \text{ €}}{1.800 \text{ St.} - 1.500 \text{ St.}} = 20{,}00 \text{ €/St.}$$

2. Schritt: K_f für einen Punkt in die Kostenfunktion einsetzen:

$$K_f = K - K_v = 54.000{,}00 \text{ €} - 20{,}00 \text{ €/St.} \cdot 1.800 \text{ St.}$$
$$= 48.000{,}00 \text{ €} - 20{,}00 \text{ €/St} \cdot 1.500 \text{ St.}$$
$$= \mathbf{18.000{,}00 \text{ €}}$$

2.3.1 Ermittlung des erwarteten Beschäftigungsgrads (Jahr 1) und des Kalkulationszinssatzes

> **TIPP** Diese Aufgabe bezieht sich (ohne dass dies explizit erwähnt wird!) auf die statische Gewinnvergleichsrechnung.

Umsatz = Preis · Menge

$$\Rightarrow \text{Menge} = \frac{106.000{,}00 \text{ €}}{13{,}25 \text{ €/St.}} = 8.000 \text{ St.}$$

Beschäftigungsgrad $= \dfrac{\text{genutzte Kapazität}}{\text{maximale Kapazität}} \cdot 100 \% = \dfrac{8.000 \text{ St.}}{10.000 \text{ St.}} \cdot 100 \%$

$= \mathbf{80{,}00 \%}$

Umsatzerlöse		106.000,00 €
− kalkulator. Abschreibung	$= \dfrac{AK}{ND} = \dfrac{240.000{,}00 \text{ €}}{6 \text{ Jahre}}$	= 40.000,00 €
− kalkulatorische Zinsen		9.600,00 €
− sonstige Fixkosten		12.000,00 €
− variable Kosten	$= k_v \cdot x = 1{,}80 \text{ €/St.} \cdot 8.000 \text{ St.} =$	14.400,00 €
= Gewinn		30.000,00 €

$$\text{Kalk. Zinsen} = 9.600{,}00 \text{ €} = \frac{AK}{2} \cdot i_{kalk}$$

$$\Rightarrow i_{kalk} = \frac{9.600{,}00 \text{ €}}{120.000{,}00 \text{ €}} \cdot 100\ \% = \mathbf{8{,}00\ \%}$$

2.3.2 Beurteilung der Investition mithilfe der Kapitalwertmethode

> **TIPP** Bei der Kapitalwertmethode werden die auszahlungswirksamen Größen je Periode betrachtet. Kalkulatorische Kosten werden also nicht berücksichtigt.

Umsatz	106.000,00 €
– sonstige Fixkosten	12.000,00 €
– variable Kosten	14.400,00 €
= Einzahlungsüberschuss 1. Jahr	79.600,00 €

Jahr	1	2	3
Überschuss [€]	79.600,00	84.600,00	89.600,00
Abzinsungsfaktor	$\dfrac{1}{1{,}08}$	$\dfrac{1}{1{,}08^2}$	$\dfrac{1}{1{,}08^3}$
Barwert der Auszahlung [€]	73.703,70	72.530,86	71.127,37

$$\text{KW} = \sum \text{Barwert der Auszahlungen} - \text{Investitionskosten}$$
$$= 217.361{,}93 \text{ €} \qquad -240.000{,}00 \text{ €} \qquad = -22.638{,}07 \text{ €}$$

Da der Kapitalwert negativ ist, lohnt sich die Investition bei dem vorgegebenen Kalkulationszinssatz nach dem 3. Nutzungsjahr noch nicht.

Aufgabe 3

3.0 Die GORICA AG stellt Werkzeuge her.
Im Monat Januar plante die GORICA AG bei einer Ausbringungsmenge von 11.875 Stück mit Gesamtkosten in Höhe von 221.000,00 €. Im Monat Februar wurden einer Menge von 19.355 Stück Gesamtkosten in Höhe von 280.840,00 € zugrunde gelegt.

3.1 Berechnen Sie die Höhe der fixen Gesamtkosten.

3.2 Am Ende des Monats März wird im Rahmen der Abweichungsanalyse eine negative Verbrauchsabweichung von 0,20 €/Stück berechnet. Die Ist-beschäftigung beträgt 20.000 Stück, die negative Gesamtabweichung 25.000,00 €.
Berechnen Sie die Planbeschäftigung für den Monat März.

3.3 Im Monat April liegen ein Minderverbrauch und eine Fixkostenüberdeckung vor.
Stellen Sie die Situation in einer vollständig beschrifteten Skizze in der Gesamtbetrachtung dar und tragen Sie alle Abweichungen mit Vorzeichen ein.

Vorgegebene Bewertungseinheiten:

Aufgabe	3.1	3.2	3.3
BE	2	3	3

Lösungsvorschlag

3.1 Berechnung der fixen Gesamtkosten

> **TIPP** Da es sich bei den gegebenen Werten um Plankosten handelt, die auf der Kostenfunktion liegen, lassen sich die fixen Gesamtkosten in zwei Schritten berechnen:

1. Schritt: Variable Stückkosten über Steigungsdreieck berechnen:

$$k_v = \frac{PK_{Feb} - PK_{Jan}}{PB_{Feb} - PB_{Jan}} = \frac{280.840,00\ € - 221.000,00\ €}{19.355\ St. - 11.875\ St.} = 8,00\ €/St.$$

2. Schritt: Ergebnis in die Kostenfunktion für einen der Kostenpunkte einsetzen und nach Fixkosten auflösen:

K_f = 280.840,00 € – 8,00 €/St. · 19.355 St.
= 221.000,00 € – 8,00 €/St · 11.875 St.
= **126.000,00 €**

3.2 Berechnung der Planbeschäftigung

Die Planbeschäftigung kann aus der Beschäftigungsabweichung berechnet werden:

BA = GA – VA = GA – (va · IB) = –25.000,00 € – (–0,20 €/St. · 20.000 St.)
= –21.000,00 €

$$BA = K_f \cdot \frac{IB - PB}{PB} = K_f \cdot \left(\frac{IB}{PB} - 1\right)$$

$$\Rightarrow PB = \frac{IB}{\frac{BA}{K_f} + 1} = \frac{20.000\ St.}{\frac{-21.000,00\ €}{126.000,00\ €} + 1} = \mathbf{24.000\ St.}$$

3.3 Grafische Darstellung der Situation in einer Skizze

Vorüberlegungen zur Skizze

Fixkostenüberdeckung bedeutet positive Beschäftigungsabweichung
($\Rightarrow$ IB > PB)
Minderverbrauch bedeutet positive Verbrauchsabweichung ($\Rightarrow$ SK > IK)
$\Rightarrow$ BA+ + VA+ = GA+ (positive Gesamtabweichung)

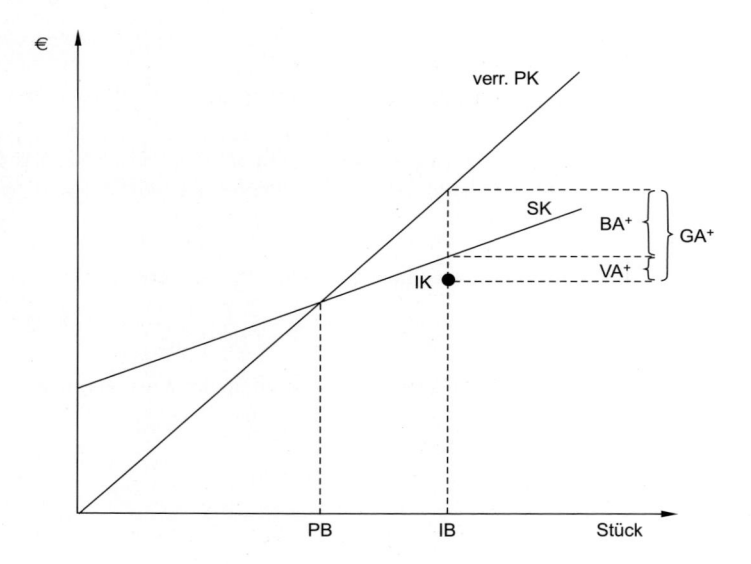

Bayern • FOS • BOS 13

Übungsaufgaben zur Optimierung des Faktoreinsatzes, zu Kosteneinflussgrößen und zu Anpassungsformen bei Beschäftigungsänderungen

Aufgabe 1 FOS/BOS 13, 2019, 5

1.0 Die PLUTO AG fertigt den Dachträger *DT-20*. Die Produktion des Dachträgers erfolgt auf vier baugleichen Maschinen. Für jede der vier Maschinen gilt in Abhängigkeit von der monatlichen Menge x folgende Kostenfunktion:

$K(x) = 22.000,00\ € + 35,00\ € \cdot x$

Bei einer monatlichen Laufzeit von 160 Stunden können auf einer Maschine bei optimaler Intensität 4.000 Stück hergestellt werden.
Die abteilungsfixen Kosten betragen 132.000,00 € pro Monat.

1.1 Im Monat Juni beträgt die Kapazitätsauslastung 68,75 %.
Ermitteln Sie die Leerkosten, die Remanenzkosten, die Grenzkosten und die Stückkosten.

1.2 Stellen Sie in einer vollständig beschrifteten Skizze den Verlauf der Leerkosten bis zur Kapazitätsgrenze dar und kennzeichnen Sie die Nutzkosten bei einer Kapazitätsauslastung von 75 %.

1.3 Im Monat Juli sollen 18.000 Stück gefertigt werden. Die Geschäftsleitung der PLUTO AG prüft folgende Alternativen:
– zeitliche Anpassung: Fertigung in Überstundenarbeit
Der Überstundenzuschlag beträgt 40 % des Normallohnes, der Anteil der Löhne an den variablen Stückkosten 60 %.
– intensitätsmäßige Anpassung: Steigerung der Produktionsgeschwindigkeit
Eine intensitätsmäßige Anpassung ist aufgrund technischer Probleme im Monat Juli nur auf einer Maschine möglich.
Die variablen Stückkosten verändern sich bei intensitätsmäßiger Anpassung für diese Maschine wie folgt.

Steigerung der Produktionsgeschwindigkeit um bis zu … Stück/Stunde	6	8	10	12	14	16
Anstieg der variablen Stückkosten um … €/Stück	0,20	0,28	0,40	0,55	0,75	1,00

1.3.1 Begründen Sie rechnerisch, welche Alternative kostengünstiger ist.

1.3.2 Im Monat August sind die technischen Probleme gelöst und eine intensitätsmäßige Anpassung ist auf allen vier Maschinen möglich. Berechnen Sie die maximale Stückzahl, die bei intensitätsmäßiger Anpassung pro Monat hergestellt werden könnte.

Vorgegebene Bewertungseinheiten:

Aufgabe	1.1	1.2	1.3.1	1.3.2
BE	4	3	6	3

Lösungsvorschlag

1.1 Ermittlung der Leer-, Remanenz-, Grenz- und Stückkosten

> **TIPP** Die Leerkosten entsprechen dem rechnerischen Anteil der fixen Kosten, der aufgrund der nicht ausgelasteten Kapazität entsteht. Deshalb muss der prozentuale Anteil der nicht ausgelasteten Kapazität ermittelt werden. Für die Berechnung der Stückkosten ist zudem die Kapazitätsauslastung in Stück zu bestimmen.

Nicht ausgelastete Kapazität im Juni: $100\,\% - 68{,}75\,\% = 31{,}25\,\%$

Leerkosten $= (4 \cdot 22.000{,}00\ € + 132.000{,}00\ €) \cdot 31{,}25\,\% = \mathbf{68.750{,}00\ €}$

Remanenzkosten $= \mathbf{22.000{,}00\ €}$ (eine Maschine wird überhaupt nicht genutzt)

Grenzkosten $= \mathbf{35{,}00\ €/St.}$

Gesamtkapazität auf 4 Maschinen $= 4 \cdot 4.000$ St. $= 16.000$ St.

Kapazitätsauslastung im Juni: $68{,}75\,\%$ von 16.000 St. $= 11.000$ St.

$$\text{Stückkosten} = \frac{4 \cdot 22.000{,}00\ € + 132.000{,}00\ € + 35{,}00\ €/\text{St.} \cdot 11.000\ \text{St.}}{11.000\ \text{St.}}$$

$= \mathbf{55{,}00\ €/St.}$

1.2 Grafische Darstellung der Leerkosten und Nutzkosten

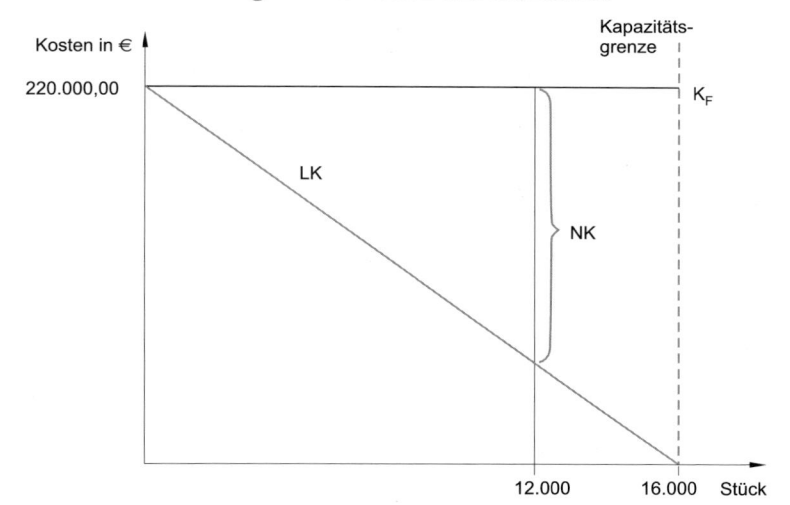

1.3.1 Rechnerische Begründung

> **TIPP** Die zeitliche Anpassung zielt auf eine Erhöhung der Arbeitszeiten (Überstunden) ab, während bei der intensitätsmäßigen Anpassung die Produktionsgeschwindigkeit erhöht wird.

Mehrproduktion über Kapazitätsgrenze
= 18.000 St. − 16.000 St. = 2.000 St.

Zeitliche Anpassung

Lohnanteil an den variablen Kosten = 60 % · 35,00 €/St. = 21,00 €/St.

Überstundenzuschlag = 21,00 €/St. · 40 % = 8,40 €/St.

→ ΔK_v = 8,40 €/St. · 2.000 St. = **16.800,00 €**

Intensitätsmäßige Anpassung

Mehrproduktion pro Stunde = $\dfrac{2.000 \text{ St.}}{160 \text{ h}}$ = 12,5 St. / h

Die Produktionsgeschwindigkeit muss damit um 12,5 Stück pro Stunde erhöht werden. Die variablen Kosten der Maschine steigen damit um 0,75 €/Stück (siehe Tabelle: Steigerung der Produktionsgeschwindigkeit um bis zu 14 Stück/Stunde). Die Maschine kann nun 6.000 Stück produzieren.

→ ΔK_v = 0,75 €/St. · 6.000 St. = **4.500,00 €**

→ Die intensitätsmäßige Anpassung ist deutlich günstiger.

1.3.2 Berechnung der maximalen Stückzahl

Stückzahl bei optimaler Intensität = 4 · 4.000 St. = 16.000 St.

Maximale zusätzliche Stückzahl durch Steigerung der Produktionsgeschwindigkeit = 16 St./h · 160 h · 4 = 10.240 St.

Maximale Produktionsmenge pro Monat = 16.000 St. + 10.240 St.
= **26.240 St.**

Aufgabe 2

2.0 Die CHIEMSEE AG produziert Blockflöten auf drei Maschinen mit gleicher Produktqualität. Für den Monat März liegen folgende Daten vor:

Maschine	intervallfixe Kosten	variable Stückkosten	optimale Intensität
A	24.000,00 €	33,00 €	90 St./Std.
B	32.000,00 €	30,00 €	100 St./Std.
C	30.000,00 €	31,00 €	110 St./Std.

Die monatlichen Unternehmensfixkosten belaufen sich auf 80.000,00 €.
Die Kapazität jeder Maschine beträgt 200 Stunden pro Monat. Eine Blockflöte kann für 42,00 € verkauft werden.
Bei kurzfristigen Beschäftigungsschwankungen passt sich die CHIEMSEE AG kostenoptimal an.

2.1 Im Monat März beträgt die Auslastung 75 %.
Ermitteln Sie die Grenzkosten, die durchschnittlichen variablen Stückkosten, die durchschnittlichen Stückkosten und den durchschnittlichen Stückgewinn.

2.2 Berechnen Sie die Nutzkosten und die Remanenzkosten für den Monat März.

2.3 Stellen Sie in einer vollständig beschrifteten Skizze den Verlauf der Grenzkosten, der durchschnittlichen variablen Stückkosten, der durchschnittlichen Stückkosten und des Stückerlöses bis zur Kapazitätsgrenze dar.

2.4 Im Monat April wird Maschine A stillgelegt. Die intervallfixen Kosten der Maschine können vollständig abgebaut werden. Da zudem ein Absatzrückgang auf 43.000 Stück erwartet wird, wird von einer Ersatzbeschaffung abgesehen und eine intensitätsmäßige Anpassung bei Maschine B vorgenommen. Maschine C arbeitet weiterhin mit optimaler Intensität.
Ermitteln Sie die erforderliche Intensität bei Maschine B.

Vorgegebene Bewertungseinheiten:

Aufgabe	2.1	2.2	2.3	2.4
BE	5	3	7	2

Lösungsvorschlag

2.1 Ermittlung der Grenzkosten, der durchschnittlichen variablen Stückkosten und des durchschnittlichen Stückgewinns

> **TIPP** Da eine kurzfristige selektive Anpassung vorliegt, sind die Fixkosten für die Entscheidung irrelevant. Der Einsatz der Maschinen richtet sich allein nach der Höhe der variablen Stückkosten. Zuerst wird Maschine B, dann C, dann A eingesetzt.

+ Kapazität A = 200 Std · 90 St/Std. = 18.000 St.
+ Kapazität B = 200 Std · 100 St/Std. = 20.000 St.
+ Kapazität C = 200 Std · 110 St/Std. = 22.000 St.

= monatliche Kapazität 60.000 St.

Auslastung im März: 75 % · 60.000 St. = 45.000 St.
Bei dieser Menge wird auf allen drei Maschinen produziert.

Grenzkosten: **K' = 33,00 €** (Maschine A)

durchschnittl. k_v

$$= \frac{20.000 \text{ St.} \cdot 30,00 \text{ €/St.} + 22.000 \text{ St.} \cdot 31,00 \text{ €/St.} + 3.000 \text{ St.} \cdot 33,00 \text{ €/St.}}{45.000 \text{ St.}}$$

= **30,69 €/St.**

durchschnittl. $k = k_v + k_f = 30{,}69$ €/St. $+ \dfrac{166.000{,}00 \text{ €}}{45.000 \text{ St.}} =$ **34,38 €/St.**

durchschnittl. Stückgewinn:
g = p − k = 42,00 €/St. − 34,38 €/St. = **7,62 €/St.**

2.2 Berechnung der Nutzkosten und der Remanenzkosten

Nutzkosten = NK_{Unt} + NK_{vollst} + $NK_{teilw.}$

$= 80.000{,}00$ € $\cdot \dfrac{45.000 \text{ St.}}{60.000 \text{ St.}} + 32.000{,}00$ € $+ 30.000{,}00$ € $+ 24.000{,}00$ €

$\cdot \dfrac{3.000 \text{ St.}}{18.000 \text{ St.}} =$ **126.000,00 €**

Remanenzkosten = 0,00 € (Alle Maschinen sind im Einsatz!)

2.3 Grafische Darstellung in einer Skizze

> **TIPP** Aus Aufgabe 5.1 ist bekannt, dass im dritten Bereich die Stückkosten über den Grenzkosten liegen. Es kann also vor der Kapazitätsgrenze kein Minimum der Stückkosten (Betriebsoptimum) vorliegen. Die Zeichnung muss, obwohl sie nur eine Skizze ist, wesentliche Charakteristika abbilden (Lage der Gewinnschwelle, Minimum der Stückkosten an der Kapazitätsgrenze).

$$GSM = \frac{K_f}{p - k_v} = \frac{166.000,00 \text{ €}}{42,00 \text{ €/St.} - 30,00 \text{ €/St.}} = 13.833,33 \text{ €} \text{ (liegt im 1. Bereich!)}$$

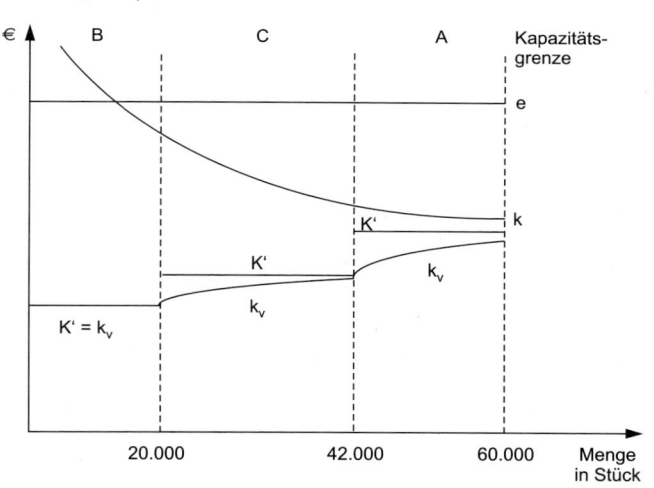

2.4 Ermittlung der erforderlichen Intensität bei Maschine B

Produktionsmenge Maschine B $= 43.000 \text{ St.} - 22.000 \text{ St.} = 21.000 \text{ St.}$

erforderliche Intensität Maschine B $= \dfrac{\text{Menge}}{\text{Zeit}} = \dfrac{21.000 \text{ St.}}{200 \text{ Std.}} = \textbf{105 St./Std.}$

Aufgabe 3

3.0 Die WATZMANN AG produziert ein Bauteil für Klimaanlagen, das für 2,85 € pro Stück verkauft wird. Zur Produktion stehen drei unterschiedliche, vollautomatische Anlagen zur Verfügung, die qualitativ gleichwertige Bauteile herstellen. Die Kapazitätsauslastung lag im ersten Halbjahr zwischen 75 % und 95 %.

Anlage	monatliche Kapazität (bei optimaler Intensität)	monatliche intervallfixe Kosten	variable Stückkosten
1	100.000 St.	32.000,00 €	2,50 €
2	130.000 St.	38.000,00 €	2,25 €
3	120.000 St.	36.000,00 €	2,35 €

Die abteilungsfixen Kosten betragen 39.000,00 € pro Monat. Bei Beschäftigungsschwankungen passt sich die WATZMANN AG stets kostenoptimal an.

3.1 Berechnen Sie die Gewinnschwellenmenge für das Bauteil.

3.2 Im Monat Juli beträgt die Auslastung 80 %.
Ermitteln Sie den Gesamtgewinn, die Stückkosten, die Grenzkosten und die Nutzkosten bei zeitlich-selektiver Anpassung.

3.3 Der größte Kunde der WATZMANN AG kündigt an, seine Abnahmemenge ab September erheblich zu reduzieren. Die Unternehmung rechnet deshalb langfristig mit einer monatlichen Produktionsmenge von lediglich 150.000 Stück. Pro Monat stehen die Anlagen an 25 Arbeitstagen jeweils 20 Stunden täglich zur Verfügung. Die Geschäftsleitung der WATZMANN AG prüft folgende Anpassungsalternativen:

Alternative I:
Betriebsgrößenvariation durch Verkauf von Anlage 1 und Anlage 3 bei intensitätsmäßiger Anpassung der Anlage 2;
dabei kann die Kapazität auf maximal 180.000 Stück pro Monat ausgeweitet werden. Die variablen Stückkosten der Anlage 2 verändern sich in Abhängigkeit von der Produktionsmenge je Stunde (Intensität y) nach folgender Funktionsgleichung:
$k_v = 0,001 y^2 - 0,52 y + 69,85$

Alternative II:
zeitlich-selektive Anpassung mit Betriebsgrößenvariation durch Verkauf der Anlage 3.

Begründen Sie rechnerisch, welche Anpassungsalternative kostengünstiger ist.

Vorgegebene Bewertungseinheiten:

Aufgabe	3.1	3.2	3.3
BE	3	5	5

Lösungsvorschlag

3.1 Berechnung der Gewinnschwellenmenge

> **TIPP** Die Gewinnschwellenmenge kann alternativ über die geteilte Kostenfunktion oder schrittweise ermittelt werden.

$$K(x) \begin{cases} 145.000,00 + 2,25 \cdot x & \text{für } x \in [\ 0;\ 130.000] \\ 132.000,00 + 2,35 \cdot x & \text{für } x \in\ ]\ 130.000;\ 250.000] \\ 94.500,00 + 2,50 \cdot x & \text{für } x \in\ ]\ 250.000;\ 350.000] \end{cases}$$

> **TIPP**
> $K_f = (39.000,00 + 32.000,00 + 38.000,00 + 36.000,00)\ € = 145.000,00\ €$
> $132.000,00\ € = 145.000,00\ € - (2,35 - 2,25)\ € \cdot 130.000$
> $94.500,00\ € = 132.000,00\ € - (2,50 - 2,35)\ € \cdot 250.000$

1. Bereich: $\dfrac{145.000,00\ €}{(2,85 - 2,25)\ €/St.} = 241.666,67$ St. $\notin$ 1. Bereich

2. Bereich: $\dfrac{132.000,00\ €}{(2,85 - 2,35)\ €/St.} = 264.000$ St. $\notin$ 2. Bereich

3. Bereich: $\dfrac{94.500,00\ €}{(2,85 - 2,50)\ €/St.} = \mathbf{270.000\ St.}$ $\in$ 3. Bereich $\Rightarrow$ **GSM**

alternativ

Fixkosten	145.000,00 €
− Deckungsbeitrag Anlage 2 = 0,60 €/St. · 130.000 St. =	78.000,00 €
− Deckungsbeitrag Anlage 3 = 0,50 €/St. · 120.000 St. =	60.000,00 €
= ungedeckte Fixkosten	7.000,00 €

Menge auf Anlage 1 $= \dfrac{7.000,00\ €}{0,35\ €/St.} = 20.000$ St.

Gewinnschwellenmenge $= (130.000 + 120.000 + 20.000)$ St. $= \mathbf{270.000\ St.}$

3.2 Ermittlung des Gesamtgewinns, der Stückkosten, der Grenzkosten und der Nutzkosten bei zeitlich-selektiver Anpassung

Produktionsmenge im Juli = 80 % von 350.000 St. = 280.000 St.

> **TIPP** Die Kosten können über den 3. Ast der Kostenfunktion oder schrittweise berechnet werden.

Kosten = 94.500,00 € + 2,50 €/St. · 280.000 St.
= 794.500,00 €

alternativ
Kosten = 145.000,00 € + 2,25 €/St. · 130.000 St.
+ 2,35 €/St. · 120.000 St. + 2,50 €/St. · 30.000 St.
= 794.500,00 €

Gewinn = E − K = 2,85 €/St. · 280.000 St. − 794.500,00 € = **3.500,00 €**

Stückkosten $= \dfrac{K}{x} = \dfrac{794.500,00\ €}{280.000\ St.} = $ **2,84 €/St.**

Grenzkosten = **2,50 €/St.** (Kosten der letzten produzierten Einheit – produziert auf Anlage 1)

> **TIPP** Die Nutzkosten setzen sich aus drei Teilen zusammen: genutzte Abteilungsfixkosten, Fixkosten der ganz genutzten Anlagen 2 und 3, genutzte Fixkosten der teilweise genutzten Anlage 1.

genutzte Abteilungsfixkosten	$= \dfrac{280.000\ St.}{350.000\ St.} \cdot 39.000,00\ € =$	31.200,00 €
− Fixkosten Anlage 2 und 3	= 38.000,00 € + 36.000,00 € =	74.000,00 €
− genutzte Fixkosten Anlage 1	$= \dfrac{30.000\ St.}{100.000\ St.} \cdot 32.000,00\ € =$	9.600,00 €
= **Nutzkosten**		**114.800,00 €**

3.3 Rechnerische Begründung der Entscheidung für eine Alternative

Alternative I

> **TIPP** Durch die Erhöhung der Intensität bei Anlage 2 produziert die WATZMANN AG nicht mehr mit optimaler Intensität. Die variablen Stückkosten erhöhen sich.

notwendige Intensität: $y = \dfrac{150.000 \text{ St.}}{25 \text{ Tage} \cdot 20 \text{ h/Tag}} = 300 \text{ St./h}$

variable Kosten bei dieser Intensität $= 0{,}001 \cdot 300^2 - 0{,}52 \cdot 300 + 69{,}85$
$= 3{,}85 \text{ €/St.}$

$\mathbf{K_I}$ $= 38.000{,}00 \text{ €} + 39.000{,}00 \text{ €} + 3{,}85 \text{ €/St.} \cdot 150.000 \text{ St.}$
$= \mathbf{654.500{,}00 \text{ €}}$

TIPP Durch den Verkauf der Anlagen 1 und 3 entfallen deren Fixkosten.

Alternative II

$\mathbf{K_{II}}$ $= 38.000{,}00 \text{ €} + 32.000{,}00 \text{ €} + 39.000{,}00 \text{ €} + 2{,}25 \text{ €/St.} \cdot 130.000 \text{ St.}$
$+ 2{,}50 \text{ €/St.} \cdot 20.000 \text{ St.}$
$= \mathbf{451.500{,}00 \text{ €}}$

TIPP Durch den Verkauf von Anlage 3 entfallen deren Fixkosten.

Alternative II ist kostengünstiger.

TIPP Da die abteilungsfixen Kosten entscheidungsirrelevant sind, könnten sie bei der Rechnung auch weggelassen werden.

Aufgabe 4

4.0 In der WAGNER AG werden zur Produktion von baugleichen Teilen vier funktionsgleiche Maschinen eingesetzt. Für den Monat März liegen folgende Daten vor:

Maschine	variable Kosten bei Vollauslastung	Fixkosten	Kapazität
A	52.500,00 €	12.000,00 €	3.500 Stück
B	?	14.000,00 €	2.000 Stück
C	32.400,00 €	8.000,00 €	1.800 Stück
D	26.250,00 €	10.000,00 €	1.500 Stück

Die monatlichen Unternehmensfixkosten belaufen sich auf 13.450,00 €.
Die durchschnittlichen Stückkosten betragen bei Vollauslastung aller Maschinen 22,00 €.
Bei kurzfristigen Beschäftigungsschwankungen passt sich die WAGNER AG kostenoptimal an.

4.1 Begründen Sie rechnerisch, welche Maschine bei kurzfristig rückläufiger Beschäftigung als erste stillgelegt werden soll.

4.2 Alle auf den Maschinen produzierten Teile werden zum Preis von 24,00 € je Stück verkauft.
Ermitteln Sie den Gewinnschwellenumsatz.

4.3 Im März betrugen die Nutzkosten 39.815,00 € und die Remanenzkosten 8.000,00 €.
Ermitteln Sie den Beschäftigungsgrad für den Monat März.

4.4 Stellen Sie in einer nicht maßstabsgetreuen Skizze die unternehmensfixen Kosten, die fixen Kosten jeder Maschine sowie die Gesamtkosten über die gesamte Kapazität dar.
Kennzeichnen Sie die Zusammensetzung der Nutzkosten für eine Beschäftigung von 6.160 Stück.

Vorgegebene Bewertungseinheiten:

Aufgabe	4.1	4.2	4.3	4.4
BE	4	3	4	6

Lösungsvorschlag

4.1 Rechnerische Begründung der Maschinenauswahl

> **TIPP** Bei kurzfristigen Beschäftigungsschwankungen richtet sich der Maschineneinsatz bei selektiver Anpassung nach der Höhe der variablen Stückkosten. Da die gegebenen Werte bei Vollauslastung vorliegen, können die variablen Stückkosten berechnet werden.

Maschine A: $k_v = \dfrac{K_v}{x} = \dfrac{52.500,00\ \text{€}}{3.500\ \text{St.}} = 15,00\ \text{€/St.}$

Maschine C: $k_v = \dfrac{K_v}{x} = \dfrac{32.400,00\ \text{€}}{1.800\ \text{St.}} = 18,00\ \text{€/St.}$

Maschine D: $k_v = \dfrac{K_v}{x} = \dfrac{26.250,00\ \text{€}}{1.500\ \text{St.}} = 17,50\ \text{€/St.}$

> **TIPP** Die variablen Stückkosten der Maschine B müssen über die durchschnittlichen Stückkosten berechnet werden.

Kosten Maschine A	= 12.000,00 € + 52.500,00 € =	64.500,00 €
+ Kosten Maschine B	= 14.000,00 € + k_v · 2.000 St. =	39.000,00 €
+ Kosten Maschine C	= 8.000,00 € + 32.400,00 € =	40.400,00 €
+ Kosten Maschine D	= 10.000,00 € + 26.250,00 € =	36.250,00 €
+ Unternehmensfixkosten		13.450,00 €
= Gesamtkosten	= ⌀ k_v · x = 22,00 €/St. · 8.800 St. =	193.600,00 €

Maschine B: $k_v = \dfrac{39.000,00\ \text{€} - 14.000,00\ \text{€}}{2.000\ \text{St.}} = 12,50\ \text{€/St.}$

Maschine C besitzt die höchsten variablen Stückkosten und wird deshalb als Erstes stillgelegt.

4.2 Ermittlung des Gewinnschwellenumsatzes

> **TIPP** Die Gewinnschwellenmenge kann über die geteilte Kostenfunktion oder schrittweise ermittelt werden.

K_f = 13.450,00 € + 12.000,00 € + 14.000,00 € + 8.000,00 € + 10.000,00 €
    = 57.450,00 €

$$K(x) \begin{cases} 57.450,00 + 12,50 \cdot x & \text{für } x \in [0; 2.000] \\ 52.450,00 + 15,00 \cdot x & \text{für } x \in]2.000; 5.500] \\ 38.700,00 + 17,50 \cdot x & \text{für } x \in]5.500; 7.000] \\ 35.200,00 + 18,00 \cdot x & \text{für } x \in]7.000; 8.800] \end{cases}$$

TIPP
52.450,00 € = 57.450,00 € − (15,00 − 12,50) €/St. · 2.000 St.
38.700,00 € = 52.450,00 € − (17,50 − 15,00) €/St. · 5.500 St.
35.200,00 € = 38.700,00 € − (18,00 − 17,50) €/St. · 7.000 St.

1. Bereich: $\dfrac{57.450,00 \ €}{(24,00 - 12,50) \ €/\text{St.}} = 4.995,65 \ \text{St.} \notin 1. \text{ Bereich}$

2. Bereich: $\dfrac{52.450,00 \ €}{(24,00 - 15,00) \ €/\text{St.}} = 5.827,78 \ \text{St.} \notin 2. \text{ Bereich}$

3. Bereich: $\dfrac{38.700,00 \ €}{(24,00 - 17,50) \ €/\text{St.}} = 5.953,85 \ \text{St.} \in 3. \text{ Bereich}$

$$\Rightarrow x_{GS} = 5.954 \ \text{St.}$$

Gewinnschwellenumsatz = $p \cdot x_{GS}$ = 24 €/St. · 5.954 St. = **142.896,00 €**

TIPP alternative Ermittlung der Gewinnschwellenmenge:

DB (B) = $(p - k_v) \cdot x$ = (24,00 − 12,50) €/St. · 2.000 St. = 23.000,00 €
DB (A) = $(p - k_v) \cdot x$ = (24,00 − 15,00) €/St. · 3.500 St. = 31.500,00 €
Ungedeckte Fixkosten = (57.450,00 − 23.000,00 − 31.500,00) € = 2.950,00 €

Menge (D) = $\dfrac{2.950,00 \ €}{(24,00 - 17,50) \ €/\text{St.}}$ = 453,85 St. → 454 St.

$x_{GS} = x_B + x_A + x_D$ = 2.000 St. + 3.500 St. + 454 St. = 5.954 St.

4.3 Ermittlung des Beschäftigungsgrads

TIPP Wenn die Remanenzkosten 8.000,00 € betragen, bedeutet dies, dass lediglich Maschine C nicht genutzt wird, da die Remanenzkosten den Fixkosten dieser Maschine entsprechen. Maschine B und A werden voll, Maschine D wird teilweise genutzt.
Für den Ansatz bedeutet x_D die Menge dieser Maschine D.

$$\begin{aligned}
\text{NK} &= \text{NK}_{B/A} + \text{NK}_D + \text{NK}_{\text{Unternehmen}} \\
&= 14.000{,}00\ \text{€} + 12.000{,}00\ \text{€} + \frac{x_D}{1.500\ \text{St.}} \cdot 10.000{,}00\ \text{€} \\
&\quad + \frac{2.000\ \text{St.} + 3.500\ \text{St.} + x_D}{8.800\ \text{St.}} \cdot 13.450{,}00\ \text{€} = 39.815{,}00\ \text{€} \\
&\quad 39.815{,}00\ \text{€} - 26.000{,}00\ \text{€} - \frac{5.500\ \text{St.}}{8.800\ \text{St.}} \cdot 13.450{,}00\ \text{€} = \\
&\quad x_D \left(\frac{10.000{,}00\ \text{€}}{1.500\ \text{St.}} + \frac{13.450{,}00\ \text{€}}{8.800\ \text{St.}} \right)
\end{aligned}$$

$\Rightarrow x_D = 660\ \text{St.}$

$$\text{BG} = \frac{\text{genutzte Kapazität}}{\text{maximale Kapazität}} \cdot 100\ \% = \frac{2.000\ \text{St.} + 3.500\ \text{St.} + 660\ \text{St.}}{8.800\ \text{St.}} \cdot 100\ \%$$

$= \mathbf{70{,}00\ \%}$

4.4 Grafische Darstellung in einer Skizze mit Kennzeichnung der Zusammensetzung der Nutzkosten

> **TIPP** Eintragung der Fixkosten (von unten nach oben) in dieser Reihenfolge: Unternehmensfixkosten, Fixkosten der Maschine mit den kleinsten k_v, ..., Fixkosten der Maschine mit den größten k_v.

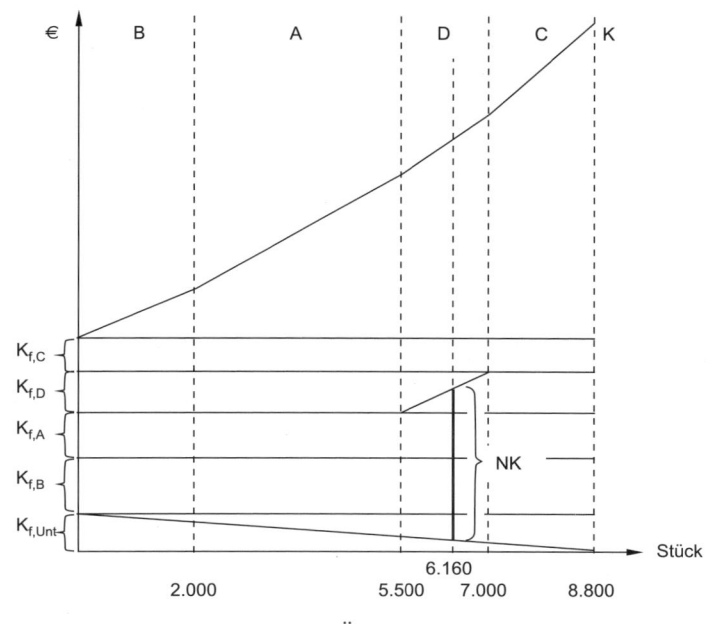

Aufgabe 5

5.0 Die FRIEDMAN AG produziert elektronische Bauteile, die auf vier technisch unterschiedlichen Fertigungsanlagen mit gleicher Produktqualität gefertigt werden. Für die Fertigungsanlagen sind folgende Daten bekannt:

Fertigungsanlage	Monatskapazität in Stück	intervallfixe Kosten in €/Monat	variable Stückkosten in €
I	4.000	120.000,00	105,00
II	3.600	90.000,00	110,00
III	6.000	160.000,00	70,00
IV	2.400	80.000,00	111,00

Die gesamten Fixkosten der FRIEDMAN AG betragen 1.010.000,00 € je Monat.
Die Bauteile werden zum einheitlichen Stückpreis von 185,00 € verkauft.
Bei kurzfristigen Beschäftigungsschwankungen passt sich die FRIEDMAN AG kostenoptimal an.

5.1 Im Monat Januar konnten vorübergehend nur 11.800 elektronische Bauteile produziert und abgesetzt werden.
Ermitteln Sie für diesen Monat die Remanenz- und die Nutzkosten.

5.2 Berechnen Sie die Gewinnschwellenmenge für den Monat Januar und stellen Sie diese mit Hilfe der Graphen der fixen Stückkosten und des durchschnittlichen Stückdeckungsbeitrags in einer Skizze grafisch dar. Kennzeichnen Sie auch den gesamten Deckungsbeitrag für die Gewinnschwellenmenge. Gehen Sie davon aus, dass der maximale Stückgewinn an der Kapazitätsgrenze liegt.

5.3 Die FRIEDMAN AG rechnet mit einem langfristigen Rückgang der Beschäftigung auf 11.000 Stück. Die Unternehmensleitung beschließt die Kapazität abzubauen. Weisen Sie rechnerisch nach, welche Fertigungsanlage unter Kostengesichtspunkten verkauft werden sollte.

Vorgegebene Bewertungseinheiten:

Aufgabe	5.1	5.2	5.3
BE	3	7	5

Lösungsvorschlag

5.1 Ermittlung der Remanenz- und Nutzkosten

Für die Produktion von 11.800 Bauteilen werden die Maschinen III, I und teilweise die Maschine II genutzt (Reihenfolge nach variablen Stückkosten!).

Auslastungsgrad (für unternehmensfixe Kosten) $= \dfrac{11.800}{16.000} \cdot 100\ \% = 73{,}75\ \%$

Die Nutzkosten betragen somit:

		Nutzungsgrad in %	Nutzkosten in €
K_f (U)	560.000,00	73,75	413.000,00
K_f (III)	160.000,00	100,00	160.000,00
K_f (I)	120.000,00	100,00	120.000,00
K_f (II)	90.000,00	50,00	45.000,00
Nutzkosten			**738.000,00**

Maschine IV wird nicht genutzt – ihre Fixkosten bilden somit die
Remanenzkosten: RK = 80.000,00 €.

5.2 Berechnung der Gewinnschwellenmenge und grafische Darstellung mit Kennzeichnung des gesamten Deckungsbeitrags

> **TIPP** Die Gewinnschwellenmenge kann entweder über eine mehrstufige Rechnung oder über die geteilte Kostenfunktion ermittelt werden:

K_f	1.010.000,00 €	
– DB Anlage III	690.000,00 €	= 6.000 St. · (185 – 70)
ungedeckte Fixkosten	320.000,00 €	
– DB Anlage I	320.000,00 €	= 4.000 St. · (185 – 105)
ungedeckte Fixkosten	0,00 €	

$\Rightarrow$ Die Gewinnschwelle liegt bei 6.000 + 4.000 = 10.000 Bauteilen, also genau beim Übergang zum 3. Bereich!

Alternativ:

$$K(x) = \begin{cases} 1.010.000{,}00 + 70 \cdot x & \text{für } x \in [\ \ 0;\ \ 6.000] \\ 800.000{,}00 + 105 \cdot x & \text{für } x \in\ ]\ \ 6.000;\ 10.000] \\ 750.000{,}00 + 110 \cdot x & \text{für } x \in\ ]\ 10.000;\ 13.600] \\ 736.400{,}00 + 111 \cdot x & \text{für } x \in\ ]\ 13.600;\ 16.000] \end{cases}$$

NR: Ordinatenwert 1. Ast: Summe der monatlichen Fixkosten
 Ordinatenwert 2. Ast: 800.000 = 1.010.000 – (105 – 70) · 6.000
 Ordinatenwert 3. Ast: 750.000 = 800.000 – (110 – 105) · 10.000
 Ordinatenwert 4. Ast: 736.400 = 750.000 – (111 – 110) · 13.600

1. Bereich: $\dfrac{1.010.000}{185-70} = 8.782{,}61$ $\notin$ 1. Bereich

2. Bereich: $\dfrac{800.000}{185-105} = 10.000$ $\in$ 2. Bereich $\Rightarrow$ **GSM = 10.000 St.**

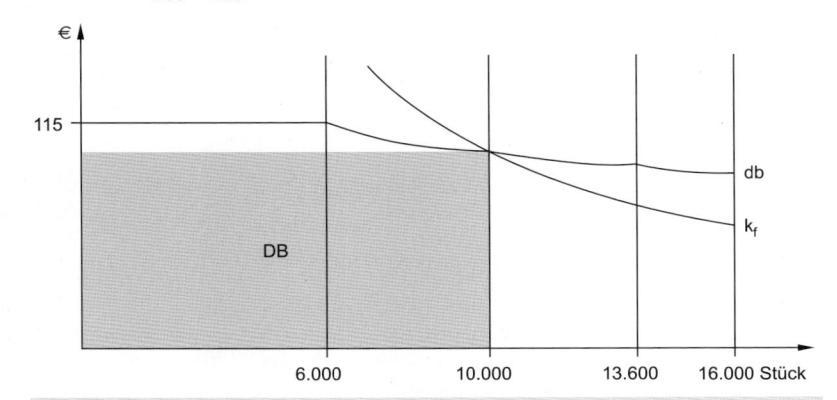

TIPP Gesamtwerte können in einer Stückzeichnung als rechteckige Fläche dargestellt werden: DB = db · x = Höhe · Breite.

5.3 Rechnerische Begründung für den Verkauf einer der Maschinen

TIPP Wenn 11.000 Bauteile hergestellt werden sollen, muss auf jeden Fall auf Anlage III produziert werden. Diese Anlage ist deshalb, ebenso wie die unternehmensfixen Kosten, entscheidungsirrelevant. Beide werden aus der folgenden Rechnung aus Vereinfachungsgründen eliminiert. Es kann nun von einer restlichen Produktionsmenge von 11.000 − 6.000 = 5.000 Bauteilen ausgegangen werden. Die geplante Produktionsmenge kann mit drei Kombinationen erreicht werden. Für alle müssen die Kosten ermittelt werden. Produziert wird dann mit der kostengünstigsten Kombination.

Kosten bei Restproduktion auf Anlagen I und II (die zuerst genannte Maschine hat die geringeren variablen Kosten und wird deshalb bevorzugt eingesetzt!):
K = 120.000 + 90.000 + 4.000 · 105 + 1.000 · 110 = 740.000,00 €

Kosten bei Restproduktion I und IV:
120.000 + 80.000 + 4.000 · 105 + 1.000 · 111   = 731.000,00 €

Kosten bei Restproduktion II und IV:
90.000 + 80.000 + 3.600 · 110 + 1.400 · 111   = 721.400,00 €

Die Produktion erfolgt mit der kostengünstigsten Kombination der Anlagen II, III und IV. **Anlage I wird verkauft.**

Aufgabe 6

5 Die VILS AG produziert ein mechanisches Bauteil, das vorübergehend nur für 56,00 € pro Stück verkauft werden kann. Die Herstellung verursacht unternehmensfixe Kosten in Höhe von 14.000,00 € im Monat und erfolgt auf drei funktionsgleichen Anlagen, für die folgende Daten vorliegen:

Anlage	variable Stückkosten	monatliche Fixkosten	Kapazität pro Monat
A	54,00 €	12.500,00 €	4.000 St.
B	62,00 €	6.800,00 €	2.800 St.
C	42,00 €	15.000,00 €	3.200 St.

Bei kurzfristigen Beschäftigungsschwankungen passt sich das Unternehmen zeitlich-selektiv an.

6.1 Ermitteln Sie das Beschäftigungsintervall, in dem Gewinn erzielt wird und berechnen Sie den maximal erzielbaren Gesamtgewinn.

6.2 Stellen Sie den Verlauf der Gesamtkosten, des Gesamterlöses und des Gesamtgewinns über die gesamte Kapazität in einer Skizze dar.

6.3 Im Monat Mai betragen die durchschnittlichen variablen Kosten 49,20 € pro Stück. Alle drei Anlagen werden eingesetzt.
Ermitteln Sie den Beschäftigungsgrad sowie die Nutzkosten für den Monat Mai.

Vorgegebene Bewertungseinheiten:

Aufgabe	6.1	6.2	6.3
BE	5	6	5

Lösungsvorschlag

6.1 Ermittlung des Gewinnintervalls und des maximalen Gesamtgewinns

Da die 3 Maschinen bereits vorhanden sind, bestimmt die Höhe der variablen Stückkosten die Reihenfolge des Einsatzes der Maschinen (kurzfristig selektive Anpassung). Die ungünstigste Maschine B hat variable Stückkosten, die höher sind als die Stückerlöse (negativer Stückdeckungsbeitrag!), d. h., der maximale Gesamtgewinn wird erreicht, wenn bei einer Produktionsmenge von 7.200 Stück die Maschinen A und C voll genutzt werden.

Aufstellen der Kostenfunktion:

$$K(x) = \begin{cases} 48.300{,}00 + 42 \cdot x & \text{für } x \in [0;\; 3.200] \\ 9.900{,}00 + 54 \cdot x & \text{für } x \in \,]3.200;\; 7.200] \\ -47.700{,}00 + 62 \cdot x & \text{für } x \in \,]7.200;\; 10.000] \end{cases}$$

Ordinatenwert 1. Ast: Summe der monatlichen Fixkosten
Ordinatenwert 2. Ast: $9.900 = 48.300 + (42 - 54) \cdot 3.200$
Ordinatenwert 3. Ast: $-47.700 = 9.900 + (54 - 62) \cdot 7.200$

Maximaler Gesamtgewinn:

$G_{7.200} = E_{7.200} - K_{7.200} = 56 \cdot 7.200 - (9.900 + 54 \cdot 7.200) =$ **4.500,00 €**

Beschäftigungsintervall, in dem Gewinn erzielt wird:

Da Maschine B einen negativen Stückdeckungsbeitrag hat, sinkt ab der Menge von 7.201 St. der Gesamtgewinn. Es ist zu überprüfen, ob es eine Gewinnschwelle gibt!

Für jeden Ast muss geprüft werden, ob $G = E - K = 0$ gilt:

1. Bereich: $x = \dfrac{48.300}{56 - 42} = 3.450$ St. $\notin$ 1. Bereich

2. Bereich: $x = \dfrac{9.900}{56 - 54} = 4.950$ St. $\in$ 2. Bereich $\Rightarrow$ Gewinnschwelle!

3. Bereich: $x = \dfrac{-47.700}{56 - 62} = 7.950$ St. $\in$ 3. Bereich $\Rightarrow$ Gewinngrenze!

Gewinnintervall für $x \in \,]4.950;\; 7.950[$

alternativ:

Maximaler Gesamtgewinn:

$G_{7.200} = 56 \cdot 7.200 - (48.300 - 42 \cdot 3.200 - 54 \cdot 4.000) =$ **4.500,00 €**

Gewinnintervall:

DB 1. Bereich: $(56-42) \cdot 3.200 = 44.800{,}00$ €

$\Rightarrow 48.300 - 44.800 = 3.500{,}00$ € ungedeckte K_f

2. Bereich: Gewinnschwelle:

$$x_{GS}^{2.\,Ber.} = \frac{\text{ungedeckte } K_f}{(p - k_v^A)} = \frac{3.500}{56 - 54} = 1.750 \text{ St.}$$

$\Rightarrow$ Gewinnschwelle $= 3.200 + 1.750 = 4.950$ St.

3. Bereich: Bei der Menge von 7.200 St. liegt ein Gesamtgewinn von 4.500,00 € vor. Die Gewinngrenze ist dann erreicht, wenn der negative Stückdeckungsbeitrag im 3. Bereich diesen Gewinn aufgezehrt hat:

$$\text{Gewinngrenze 3. Bereich} = \frac{\text{Gewinn}_{7.200}}{\left| p - k_v^B \right|} = \frac{4.500}{|56 - 62|}$$

$= 750$ St.

Die Gewinngrenze liegt bei $x = 3.200 + 4.000 + 750 = 7.950$ St.

Gewinnintervall: **4.950 St. < x < 7.950 St.**

6.2 Grafische Darstellung der Gesamtkosten, des Gesamterlöses und des Gesamtgewinns

> **TIPP** Auch bei einer Skizze müssen die charakteristischen Eigenschaften der Funktionen sichtbar sein:
> Die Gewinnschwelle und Gewinngrenze sowie der maximale Gesamtgewinn müssen jeweils bei G und (E – K) übereinander liegen.
> Die Kapazitätsgrenzen sind zu beachten.
> Gewinne müssen gleich groß sein, wenn man sie bei G bzw. (E – K) abliest.

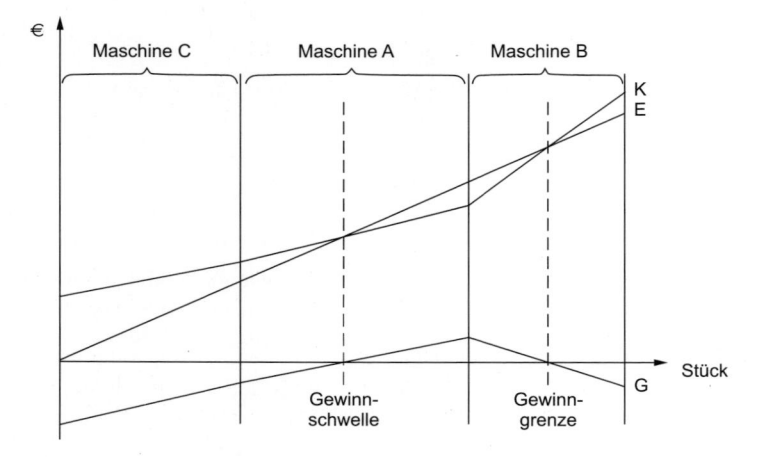

[Diagramm: Kostenverlauf mit Bereichen Maschine C, Maschine A, Maschine B; Achsen € / Stück; Kurven K, E, G; markiert Gewinnschwelle und Gewinngrenze]

6.3 Ermittlung des Beschäftigungsgrads sowie der Nutzkosten

> **TIPP** Die Kosten beim gesuchten Beschäftigungsgrad lassen sich auf zwei Wegen berechnen. Setzt man beide Varianten gleich und löst nach der Menge auf, so erhält man den gesuchten Beschäftigungsgrad.

Berechnung mithilfe des 3. Bereichs der Kostenfunktion:
$K_v + K_f = K$

$$49{,}20 \cdot x + 48.300 = -47.700 + 62{,}00 \cdot x \Rightarrow x = \frac{48.300 + 47.700}{62{,}00 - 49{,}20} = 7.500 \text{ St.}$$

alternativ:

$$49{,}20 \cdot x = 42 \cdot 3.200 + 54 \cdot 4.000 + 62 \cdot (x - 7.200)$$
$$\Rightarrow \frac{62 \cdot 7.200 - 42 \cdot 3.200 - 54 \cdot 4.000}{62{,}00 - 49{,}20} = 7.500 \text{ St.}$$

Beschäftigungsgrad $= \dfrac{7.500}{10.000} \cdot 100\ \% = \mathbf{75\ \%}$

Nutzkosten:

$$NK = \underbrace{\frac{7.500}{10.000} \cdot 14.000}_{\substack{\text{genutzte} \\ \text{Unternehmensfixkosten}}} + \underbrace{15.000 + 12.500}_{K_f \text{ von A und C}} + \underbrace{\frac{300}{2.800} \cdot 6.800}_{\text{Nutzkosten Maschine B}}$$

$NK = \mathbf{38.728{,}57\ €}$

Bayern • FOS · BOS 13
Übungsaufgaben zur sach- und personenorientierten
Personalführung und -entwicklung

Aufgabe 1

1.0 Die MAYER AG ist ein Unternehmen im Mediensektor. Für eine interne Überprüfung unterhalten Sie sich mit einem Mitarbeiter der Produktion:

„Bei uns ist seit Langem kein Unfall mehr passiert. Darauf sind wir sehr stolz. Dies zeigt, dass der Arbeitsschutz eine hervorragende Sicherheit bietet. Zudem haben wir ein sehr gutes Verhältnis zu unserem direkten Vorgesetzten, obwohl Leistungsbeurteilungen gerne einmal missverstanden werden. Dies liegt vor allem daran, dass diese in erster Linie die produzierte Menge und nicht die produzierte Qualität berücksichtigen. Besonders schön finde ich, dass auch immer wieder Mitarbeiter der Führungsebene bei uns vorbeischauen, um sich nach unserer Zufriedenheit zu erkundigen. Dabei spricht man gerne auch einmal über persönliche Dinge, wie beispielsweise die Familie. Man merkt, dass sie nicht nur an unserer Arbeit, sondern auch an uns als Persönlichkeit interessiert sind. Was natürlich auch top ist, ist die Bezahlung. Wir werden seit Jahren übertariflich bezahlt. Nur mit den Aufstiegschancen sieht es schlecht aus."

1.1 Beschreiben Sie das angesprochene Führungsverhalten nach dem Modell von Blake & Mouton.

1.2 Ordnen Sie begründet zwei aus dem Gespräch ausgewählte Beschreibungen des Arbeitsumfelds den Faktoren der „Zwei-Faktoren-Theorie" nach Herzberg zu.

1.3 Nach den Mitarbeitergesprächen wird der Personalbogen desjenigen Mitarbeiters, dessen Gespräch oben dargestellt wurde, näher begutachtet. Aufgrund einer positiven Leistungsentwicklung sowie seines gezeigten Interesses an einem Aufstieg entschließt sich die Personalführung, ihn für geplante Personalentwicklungsmaßnahmen auszuwählen.
Beschreiben Sie für den Mitarbeiter unter Nennung der entsprechenden Fachbegriffe zwei geeignete Personalentwicklungsmaßnahmen.

Vorgegebene Bewertungseinheiten:

Aufgabe	1.1	1.2	1.3
BE	3	5	4

Lösungsvorschlag

1.1 Beschreibung des Führungsverhaltens nach Blake & Mouton

> **TIPP** Blake/Mouton gehen davon aus, dass das Führungsverhalten sowohl durch Aufgaben- als auch durch Personenorientierung geprägt ist. Nehmen Sie eine entsprechende Verortung im Verhaltensgitter vor.

Dem Vorgesetzten ist die produzierte Menge sehr wichtig. Nachrangig scheint hingegen die hergestellte Qualität zu sein, denn bei Leistungsbeurteilungen ist laut Aussage des Mitarbeiters die Produktionsmenge vorrangig. Der Mitarbeiter beschreibt ein gutes Verhältnis zu seinem direkten Vorgesetzten sowie ein großes allgemeines Interesse an den Mitarbeitern seitens der Unternehmensführung (arbeitstechnisch wie persönlich). Das Führungsverhalten zeugt damit von einer ausgewogenen Mitarbeiter-Sachorientierung, sodass die Einordnung nach Blake/Mouton in das Feld „5,5-Führungsverhalten Organisationsmanagement" (Mitte) erfolgen kann.

1.2 Zuordnung zur „Zwei-Faktoren-Theorie" nach Herzberg

Die Zwei-Faktoren-Theorie nach Herzberg beschreibt eine Theorie der Bedürfnisbefriedigung. Dabei spielen Hygienefaktoren und Motivatoren eine entscheidende Rolle. Hygienefaktoren lösen dabei keine Motivation aus, sondern vermeiden durch ihre Anwesenheit lediglich Unzufriedenheit. Motivatoren hingegen können eine Person von einem motivationsneutralen Zustand in einen motivierten Zustand versetzen. Die angesprochenen Arbeitsschutzmaßnahmen werden als selbstverständlich vorausgesetzt. Sie führen zu keiner Erhöhung der Motivation, sodass sie zu den Hygienefaktoren zählen. Die Leistungsbeurteilung hingegen kann die Motivation erhöhen, wenn die geleistete Arbeit entsprechend anerkannt wird. Deshalb zählt die Leistungsbeurteilung zu den Motivatoren.

Weitere angesprochene Punkte
Verhältnis zum Vorgesetzten → Hygienefaktor
Entgelt → Hygienefaktor (Unzufriedenheit, wenn nicht mehr über Tarif)
Aufstiegschancen → Motivator (persönliche Weiterentwicklung)

1.3 Geeignete Personalentwicklungsmaßnahmen

PE on the Job: Der Mitarbeiter könnte durch ein Coaching-Programm seines aktuellen Vorgesetzten in die Rolle der Führungskraft zunächst eingeführt und bei Übernahme eines eigenen Teams weiter betreut werden.

PE near the Job: Der Mitarbeiter könnte an Seminaren teilnehmen, die ihn speziell auf die Aufgabe als Führungskraft vorbereiten. Diese Seminare müssen dabei nicht unbedingt in einem direkten Zusammenhang mit seiner aktuellen Tätigkeit stehen.

Aufgabe 2

2.0 Die Z-COM AG ist ein Mitbewerber am Telekommunikationsmarkt in Deutschland. In den letzten Jahren gab es immer wieder hohe Kundenfluktuationen zwischen den verschiedenen Anbietern. Auch die Z-COM AG sieht sich aktuell mit diesem Problem konfrontiert. Als Grund wurde die nachlassende Qualität der Kundenbetreuung identifiziert. Deshalb soll dieser Teilbereich neu aufgestellt werden.

Um konkurrenzfähig zu bleiben, wird zunächst bei gleichbleibendem Gehalt die Arbeitszeit von 38 Stunden auf 40 Stunden pro Woche erhöht. Als Ausgleich erhalten die Mitarbeiter eine langjährige Beschäftigungsgarantie. Zudem wird die Eigenverantwortung der Mitarbeiter durch den Abbau von Hierarchiestufen sowie durch die Vereinbarung konkreter Ziele gestärkt.

2.1 Ordnen Sie das angesprochene neue Leitungskonzept einer entsprechenden Managementtechnik zu. Diskutieren Sie mögliche Chancen und Risiken für die Z-COM AG.

2.2 Beurteilen Sie die Neuorientierung des Unternehmens und die damit verbundenen Auswirkungen auf die Motivation der Mitarbeiter nach der Motivationstheorie von Herzberg sowie nach der Motivationstheorie von Locke/Latham.

2.3 Erläutern Sie zwei mögliche Personalentwicklungsmaßnahmen, mit denen die Mitarbeiter auf ihren künftigen erweiterten Aufgabenkreis vorbereitet werden können.

Vorgegebene Bewertungseinheiten:

Aufgabe	2.1	2.2	2.3
BE	3	9	4

Lösungsvorschlag

2.1 Zuordnung des Leitungskonzepts zu einer Managementtechnik / Diskussion von Chancen und Risiken

> **TIPP** Achten Sie darauf, die Zuordnung des neuen Leitungskonzepts zu einer entsprechenden Managementtechnik auch zu begründen.

Das Management-by-Objectives zeichnet sich durch die gemeinsame Erarbeitung von Zielsetzungen für die Mitarbeiter aus. Entscheidungskompetenzen, Weisungsbefugnisse und Verantwortung werden auf die einzelnen Mitarbeiter übertragen.

Gemäß dem neuen Leitgedanken sollen Hierarchiestufen abgebaut und konkrete Ziele vereinbart werden, um die Eigenverantwortung der Mitarbeiter zu stärken. Dies entspricht vollkommen dem MbO-Ansatz.

Durch die Neuorientierung hat die Z-COM AG die Chance, die Leistungsmotivation, die Eigeninitiative und die Verantwortungsbereitschaft ihrer Mitarbeiter zu fördern. Zudem wird die Führungsspitze entlastet, weshalb sie sich verstärkt um die Verbesserung der Marktsituation kümmern kann.

Gleichzeitig ist die Umstellung mit einem hohen Zeitaufwand verbunden, da mit jedem einzelnen Mitarbeiter regelmäßig ein Zielvereinbarungsgespräch geführt werden muss. Darüber hinaus ist die Zielformulierung nicht immer einfach möglich, wenn sie der SMART-Regel zur Zielvereinbarung genügen will.

2.2 Beurteilung der Veränderung nach der Motivationstheorie von Herzberg und Locke/Latham

> **TIPP** Beschreiben Sie zunächst jeweils die grundlegenden Annahmen der beiden Motivationstheorien, bevor Sie auf die konkrete Situation im Unternehmen eingehen.

Die Zwei-Faktoren-Theorie nach Herzberg beschreibt eine Theorie der Bedürfnisbefriedigung. Dabei spielen Hygienefaktoren und Motivatoren eine entscheidende Rolle. Hygienefaktoren lösen dabei keine Motivation aus, sondern vermeiden durch ihre Anwesenheit nur Unzufriedenheit. Motivatoren hingegen können eine Person von einem motivationsneutralen Zustand in einen motivierten Zustand versetzen.

Zu den Hygienefaktoren zählt die Beschäftigungsgarantie, da sie eine mögliche Unzufriedenheit abbauen kann. Auch die Arbeitszeit ist ein Hygienefaktor. Die vormals niedrigere Arbeitszeit hat keine zusätzliche Motivation ausgelöst. Jedoch könnte deren Erhöhung zu erhöhter Unzufriedenheit führen.

Als Motivatoren werden der Abbau der Hierarchiestufen und die Vereinbarung konkreter Ziele für mehr Eigenverantwortung genutzt. Durch die große Eigenverantwortung steigt die Motivation der Mitarbeiter.
Die Auswirkung der Motivatoren hängt davon ab, wie die Mitarbeiter den Wegfall des Hygienefaktors „kürzere Arbeitszeit" bewerten. Wird dieser höher als die Beschäftigungsgarantie bewertet, werden die Motivatoren weitgehend wirkungslos bleiben, da diese nur wenn keine Unzufriedenheit vorliegt, also bei entsprechender Anwesenheit von Hygienefaktoren, greifen. Wird die Beschäftigungsgarantie höher bewertet, führt dies dazu, dass die Motivatoren ihre Wirkung entfalten können.

Locke/Latham gehen davon aus, dass sich Menschen von Zielen, die möglichst präzise und herausfordernd sind, gemeinsam formuliert wurden und das Handeln unmittelbar beeinflussen, motivieren lassen. Dabei ist es wichtig, dass der Einzelne die Ziele als verbindlich erachtet und sich selbst dazu in der Lage sieht, diese zu erreichen.
Durch die Veränderung des Leitungskonzeptes zum MbO sollen für jeden Mitarbeiter konkrete Ziele ausgearbeitet und vereinbart werden. Geschieht dies gemeinsam mit dem Mitarbeiter, können die Ziele entsprechend der SMART-Regel spezifisch, messbar, erreichbar, realistisch und mit einem konkreten Zielzeitpunkt versehen formuliert werden. Durch Unterstützung, z. B. Feedbackgespräche während der Umsetzungsphase, können die Mitarbeiter zusätzlich motiviert werden.

2.3 Erläuterung zweier Personalentwicklungsmaßnahmen

PE into the Job: Sollten die Mitarbeiter neue Aufgabenbereiche übernehmen und in diese eingearbeitet werden müssen, dann kann dies z. B. mithilfe von Einarbeitungsprogrammen erfolgen.

PE near the Job: Durch die Erweiterung des Aufgabenkreises brauchen die Mitarbeiter beispielsweise eine Schulung zum Thema Qualitätssicherung bzw. Qualitätsüberprüfung. Diese Schulungen werden in der Regel mit einer gewissen Nähe zur aktuellen Tätigkeit durchgeführt.

Aufgabe 3

3.0 Als Praktikant sollen Sie einen Beitrag für die nächste Betriebszeitschrift verfassen. Nachdem Sie kürzlich einen Artikel zum Thema Arbeit und Fehlzeiten in der Tageszeitung gelesen haben, kommt Ihnen die Idee, über den Zusammenhang zwischen Arbeitsmotivation und Gehalt zu schreiben. Im Artikel wurde festgestellt, dass Arbeit ohne Sinn krank mache. Dazu liegt Ihnen folgende Studie vor:

M1: Arbeitswerte

Arbeitswerte – Anteil von sehr/eher wichtig in %
Ratingskala von 1 (überhaupt nicht wichtig) bis 5 (sehr wichtig)

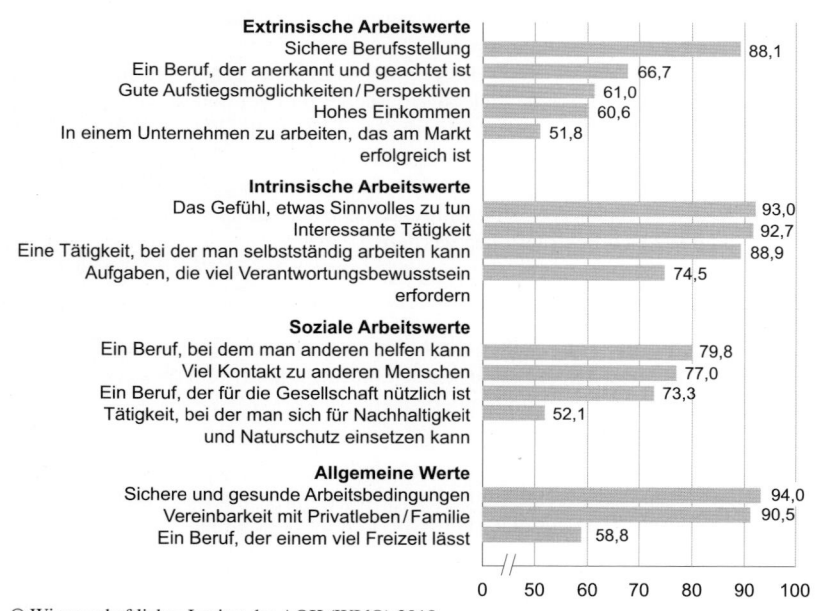

Extrinsische Arbeitswerte
- Sichere Berufsstellung: 88,1
- Ein Beruf, der anerkannt und geachtet ist: 66,7
- Gute Aufstiegsmöglichkeiten / Perspektiven: 61,0
- Hohes Einkommen: 60,6
- In einem Unternehmen zu arbeiten, das am Markt erfolgreich ist: 51,8

Intrinsische Arbeitswerte
- Das Gefühl, etwas Sinnvolles zu tun: 93,0
- Interessante Tätigkeit: 92,7
- Eine Tätigkeit, bei der man selbstständig arbeiten kann: 88,9
- Aufgaben, die viel Verantwortungsbewusstsein erfordern: 74,5

Soziale Arbeitswerte
- Ein Beruf, bei dem man anderen helfen kann: 79,8
- Viel Kontakt zu anderen Menschen: 77,0
- Ein Beruf, der für die Gesellschaft nützlich ist: 73,3
- Tätigkeit, bei der man sich für Nachhaltigkeit und Naturschutz einsetzen kann: 52,1

Allgemeine Werte
- Sichere und gesunde Arbeitsbedingungen: 94,0
- Vereinbarkeit mit Privatleben / Familie: 90,5
- Ein Beruf, der einem viel Freizeit lässt: 58,8

© Wissenschaftliches Institut der AOK (WIdO) 2018

Gleichzeitig finden Sie folgende Grafik im Internet:

M 2: Zusammenhang Zufriedenheit und Gehalt

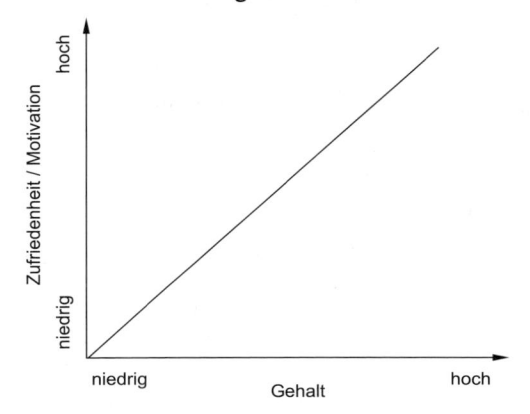

y-Achse: Zufriedenheit / Motivation (niedrig – hoch)
x-Achse: Gehalt (niedrig – hoch)
Die Grafik zeigt eine ansteigende Gerade vom Ursprung nach rechts oben.

3.1 Für die Ausarbeitung Ihres Artikels überlegen Sie, welches Menschenbild jeweils hinter den Grafiken steckt. Erläutern Sie das jeweilige relevante Menschenbild nach McGregor und führen Sie an, inwiefern die Grafiken M 1 und M 2 übereinstimmen.

3.2 Nehmen Sie aus Sicht der Motivationstheorie von Herzberg kritisch Stellung zu dem in der Grafik M 2 aufgezeigten Zusammenhang.

Vorgegebene Bewertungseinheiten:

Aufgabe	3.1	3.2
BE	7	4

Lösungsvorschlag

3.1 Zugrunde liegendes Menschenbild nach McGregor und Übereinstimmung der Grafiken

> **TIPP** Stellen Sie zunächst die beiden Betrachtungsweisen des Menschenbildes nach McGregor dar. Ordnen Sie dann beide Grafiken begründet zu und arbeiten Sie die Übereinstimmung heraus.

Nach McGregor gibt es hinsichtlich des Menschenbildes zwei Betrachtungsweisen: Gemäß der Theorie X besitzt der Mensch eine angeborene Abneigung gegen Arbeit. Er muss zur Arbeit gezwungen und entsprechend geführt und gelenkt werden. Der Mensch zeigt i. d. R. ein eher passives Arbeitsverhalten. Im Gegensatz dazu besagt die Theorie Y, dass sich der Mensch der Selbstdisziplin und -kontrolle unterwirft, wenn er sich bestimmten Zielen verpflichtet fühlt. Er lernt bei geeigneten Bedingungen, Verantwortung zu suchen und zu übernehmen. Er zeigt von sich aus entsprechendes Engagement für die Arbeit.

Die Grafik M 2 unterstellt, dass der Mensch motivierter ist, je mehr er verdient. Für die Arbeitsmotivation ist also ein extrinsischer Faktor nötig. Ein geringes Gehalt führt zu einer geringen Motivation. Der Mensch ist grundsätzlich abgeneigt gegenüber Arbeit, was der Theorie X entsprechen würde.

Die Grafik aus dem Zeitungsartikel (M 1) zeigt demgegenüber, dass vielmehr intrinsische Faktoren von hoher Bedeutung sind. Den Beschäftigten ist es wichtiger, einen Sinn hinter ihrer Arbeit zu sehen (z. B. sinnvolle/interessante Tätigkeit, Nützlichkeit für die Gesellschaft), selbstständig arbeiten und viel Verantwortung übernehmen zu können, als ein hohes Einkommen zu erhalten. Dies entspricht eher der Theorie Y, nach der sich der Mensch bei entsprechenden allgemeinen Bedingungen – vgl. sichere und gesunde Arbeitsbedingungen als wichtigstes Berufsmerkmal – seiner Arbeit gegenüber verpflichtet fühlt. M 1 zeigt aber auch, dass die Beschäftigten ein hohes Einkommen wertschätzen. Etwas mehr als 60 Prozent bezeichneten dies als sehr wichtig/eher wichtig. Dies würde der Theorie X entsprechen.

3.2 Dargestellter Zusammenhang in M 2 aus Sicht der Motivationstheorie (Herzberg)

Herzbergs Theorie besagt, dass Motivation/Zufriedenheit und Unzufriedenheit durch unterschiedliche Faktoren beeinflusst werden. Durch ein höheres Gehalt kann der Theorie nach die Unzufriedenheit eines Mitarbeiters beseitigt werden, da es sich beim Faktor Gehalt um einen Hygienefaktor handelt. Dies bedeutet jedoch nicht, dass der Mitarbeiter dadurch automatisch dauerhaft motivierter ist. Sollte das höhere Gehalt anfangs zu einer höheren Motivation führen, wird dieser Effekt möglicherweise nicht lange andauern. Der ehemalige Motivator wird zum Hygienefaktor. Die Ansicht von Herzberg entspricht daher nicht dem dargestellten Zusammenhang in M 2.

Aufgabe 4

4.0 Dem Unternehmensleitbild der LAUERBACH AG ist Folgendes zu entnehmen:

> „Als Schlüssel für unseren Erfolg sehen wir die Leistungsfähigkeit unserer Mitarbeiter. Die Vorgesetzten erarbeiten gemeinsam mit ihren Mitarbeitern Ziele, bei deren Erfüllung neben finanzieller Beteiligung auch weitere Vorteile, z. B. Sonderurlaub, entstehen können. Zudem bieten wir unseren Mitarbeitern ein Leistungssystem, das eine individuelle Auswahl an Prämien innerhalb eines bestimmten Punktesystems ermöglicht. Punkte erhalten die Mitarbeiter entsprechend ihrer Leistungsbeurteilungen."

4.1 Geben Sie begründet an, welches Leitungskonzept die LAUERBACH AG verfolgt, und stellen Sie einen Vorteil dieses Konzepts dar.

4.2 Erläutern Sie, inwiefern das Leitungskonzept zu einer Leistungssteigerung führen kann. Nutzen Sie für Ihre Argumentation die Theorie von Herzberg sowie die Theorie von Locke/Latham.

4.3 Ordnen Sie begründet die im Leitbild verankerte Möglichkeit, eine Prämie nach dem Punktesystem zu erhalten, in die Motivationstheorie nach Herzberg ein.

Vorgegebene Bewertungseinheiten:

Aufgabe	4.1	4.2	4.3
BE	3	7	2

Lösungsvorschlag

4.1 Leitungskonzept und dessen Vorteil

Bei dem dargestellten Leitungskonzept handelt es sich um das Management by Objectives. Erkennbar ist dies daran, dass die Vorgesetzten gemeinsam mit ihren Mitarbeitern Ziele erarbeiten. Ein Vorteil dieses Leitungskonzeptes ist es, dass sich die Mitarbeiter mit den individuellen und gemeinsam erarbeiteten Zielen besser identifizieren können und so motivierter sind.

4.2 Mögliche Leistungssteigerung auf Basis der Theorien von Herzberg sowie Locke/Latham

> **TIPP** Beschreiben Sie zunächst jeweils die grundlegenden Annahmen der beiden Motivationstheorien.

Die Zwei-Faktoren-Theorie nach Herzberg beschreibt eine Theorie der Bedürfnisbefriedigung. Dabei spielen Hygienefaktoren und Motivatoren eine entscheidende Rolle. Hygienefaktoren lösen dabei keine Motivation aus, sondern vermeiden durch ihre Anwesenheit nur Unzufriedenheit. Motivatoren hingegen können eine Person von einem motivationsneutralen Zustand in einen motivierten Zustand versetzen.

Durch MbO wird die Eigenverantwortlichkeit der Mitarbeiter erhöht. Dadurch erhalten sie nicht nur mehr Selbstverantwortung, sondern auch die entsprechende Anerkennung seitens des Vorgesetzten. Dies kann motivierend und damit leistungssteigernd wirken, da sowohl Selbstverantwortung als auch Anerkennung Motivatoren sind. Voraussetzung für die Wirkung der Motivatoren sind ausreichende Hygienefaktoren, damit Unzufriedenheit beseitigt ist.

Locke/Latham sehen bereits durch die Formulierung von individuellen, messbaren und erreichbaren Zielen eine Möglichkeit zur Motivation und damit zur Leistungssteigerung von Mitarbeitern. Dazu sollten die Ziele idealerweise mit dem Mitarbeiter gemeinsam erarbeitet und mit einem entsprechenden Zeithorizont versehen werden.

Laut Unternehmensleitbild erarbeiten die Vorgesetzten gemeinsam mit ihren Mitarbeitern entsprechende Ziele. Wurden diese nach der SMART-Regel formuliert, sollten sie die Motivation und damit die Leistungsfähigkeit der Mitarbeiter steigern. Zusätzlich wird das Erreichen der Ziele extrinsisch durch Leistungsprämien gefördert.

4.3 Einordnung der Leistungsprämie in die Motivationstheorie (Herzberg)

Das Punktesystem kann zu den Motivatoren gezählt werden. Je mehr die Mitarbeiter leisten, desto höher werden sie bewertet und desto höherwertige Prämien erhalten sie. Dadurch können die Mitarbeiter weiter motiviert werden, da ihre Tätigkeit anerkannt und respektiert wird.

Bayern – FOS · BOS 13
Musterprüfung 1 im Stil des Abiturs

Aufgabe 1

1.0 Sie sind in der Finanzabteilung der PHARMETIKA AG tätig, die diverse pharmazeutische Mittel herstellt. Sie wirken an einer umfassenden Bilanzanalyse mit, welche die Grundlage für künftige Finanzierungs- und Investitionsentscheidungen bilden soll.
Die aufbereitete Bilanz weist zum 31. 12. 2018 nach teilweiser Ergebnisverwendung folgende Positionen aus:

Aktiva		Bilanz in Mio. €	Passiva
Gebäude	305,7	Gezeichnetes Kapital	206,0
Technische Anlagen	204,4	Kapitalrücklage	19,6
BGA	63,0	Gesetzliche Rücklagen	12,3
Beteiligungen	54,8	Andere Gewinnrücklagen	109,7
Wertpapiere des AV	32,5	Bilanzgewinn	25,0
RHB-Stoffe	44,4	Pensionsrückstellungen	92,4
Unfertige Erzeugnisse	24,2	Sonst. kurzfr. Rückstellungen	139,1
Fertige Erzeugnisse	18,7	Langfr. Verbindlichkeiten	231,8
Forderungen	116,5	Verbindlichkeiten aLL	60,4
Flüssige Mittel	60,7	Sonst. kurzfr. Verbindlichkeiten	28,6
	924,9		**924,9**

Die Hauptversammlung beschloss eine Dividende von 0,60 € pro Aktie. Alle Aktien haben einen Nennwert von 5,00 € pro Stück. Ein Gewinn- bzw. Verlustvortrag aus dem Vorjahr besteht nicht.

Aus der Gewinn- und Verlustrechnung sind folgende Werte bekannt:
Jahresüberschuss   35 Mio. €
Zinsen und ähnliche Aufwendungen   146.200,00 €
Planmäßige Abschreibungen auf Sachanlagen   52 Mio. €
Einstellungen in Pensionsrückstellungen   10 Mio. €

Die PHARMETIKA AG plant für das kommende Geschäftsjahr, eine Investition in Sachanlagevermögen zu tätigen. Hierzu ist zu prüfen, ob diese mit Eigenkapital oder langfristigem Fremdkapital zu finanzieren ist.
Das Unternehmen strebt eine Eigenkapitalquote von mind. 50 % an.

1.1 Für die Finanzierung erwartet die Hausbank der PHARMETIKA AG die Einhaltung der Normwerte der Eigenkapitalquote, des Anlagedeckungsgrads 2 sowie des Liquiditätsgrads 2. Außerdem soll eine Strukturbilanz vorgelegt werden.
Erstellen Sie die Strukturbilanz und führen Sie alle geforderten Berechnungen durch. Beurteilen Sie die Kennzahlen.

1.2 Die PHARMETIKA AG erhält von ihrer Hausbank folgendes Angebot:

ANGEBOT

OFFENBURGER PRIVATBANK

Hauptstraße 4, 77652 Offenburg
Telefon 0781 / 752454 Fax 0781 / 752453
Info@opb.de

ANGEBOTSNUMMER 7224512
DATUM: 16.01.2019

ABLAUFDATUM: 16.02.2019

AN PHARMETIKA AG
z.Hd. Frau Maier
Im Stockfeld 3
77656 Offenburg
0781 / 78248

Kreditangebot für PHARMETIKA AG

Sehr geehrte Frau Maier,

wie telefonisch besprochen, übersende ich Ihnen das Angebot für einen Kredit über 200.000,00 € (Nettokreditbetrag).

Nettokreditbetrag	200.000,00 €
Laufzeit	5 Jahre
Effektiver Jahreszins	4,5 % p. a.

Für treue Kunden unserer Bank gilt dieses Angebot bis 16.02.2019.

Überprüfen Sie rechnerisch, ob es für die PHARMETIKA AG vorteilhaft wäre, dieses Kreditangebot anzunehmen. Gehen Sie dabei von einer konstanten Gesamtkapitalrentabilität aus.

1.3 „Der Cashflow ist zur Messung der wahren Ertrags- und Finanzkraft eines Unternehmens besser geeignet als der Jahresüberschuss."

Nehmen Sie zu dieser Aussage Stellung.

1.4 Berechnen Sie den Cashflow der PHARMETIKA AG und ermitteln Sie den Teil des Cashflows, welcher im Unternehmen verbleibt und zur Finanzierung verwendet werden kann.

1.5 Die PHARMETIKA AG beabsichtigt, eine spezielle Abfüllmaschine für flüssige Medikamente zu beschaffen. Eine Möglichkeit ist der Kauf der Maschine. Leasing wird jedoch auch in Erwägung gezogen.

1.5.1 Erläutern Sie, weshalb Leasing in diesem Fall vorteilhafter wäre.

1.5.2 Grenzen Sie Financial-Leasing und Operate-Leasing voneinander ab. Entscheiden Sie sich begründet für eine der beiden Leasingarten.

Aufgabe 2

2.0 Für das neu errichtete Zweigwerk werden vier Fertigungsmaschinen zu Beginn des Jahres 2019 mit Anschaffungskosten von je 60.000,00 € und einer Nutzungsdauer von 5 Jahren in Betrieb genommen.

In den folgenden Jahren sollen weitere gleichartige Fertigungsmaschinen angeschafft und nur über Abschreibungen finanziert werden. Es wird unterstellt, dass die Wiederbeschaffungskosten konstant sind und die bilanzielle und kalkulatorische Abschreibung in gleicher Höhe erfolgt. Es wird linear abgeschrieben.

2.1 Erstellen Sie in übersichtlicher Art und Weise die Berechnung der Kapazitätserweiterung bis einschließlich des 7. Jahres.

2.2 Die PHARMETIKA AG überlegt, die Kapazitätserweiterung durchzuführen, befürchtet jedoch Preisschwankungen beim Absatz der Produkte. Sie bereiten die Entscheidungsfindung vor. Erläutern Sie hierfür die Auswirkungen, die sich für den Kapazitätserweiterungseffekt ergeben würden, wenn die Produkte unterhalb des Selbstkostenpreises verkauft werden.

Aufgabe 3

3.0 In der Kostenstelle I der PHARMETIKA AG werden zwei Produkte hergestellt. Da sie unabhängig voneinander produziert werden, können sie in der Plankostenrechnung getrennt betrachtet werden.
Als Mitarbeiter der Controllingabteilung prüfen Sie die Beschäftigung der letzten Monate, da es in diesem Bereich immer wieder zu Abweichungen gekommen ist. Dazu erhalten Sie per Mail folgende Informationen:

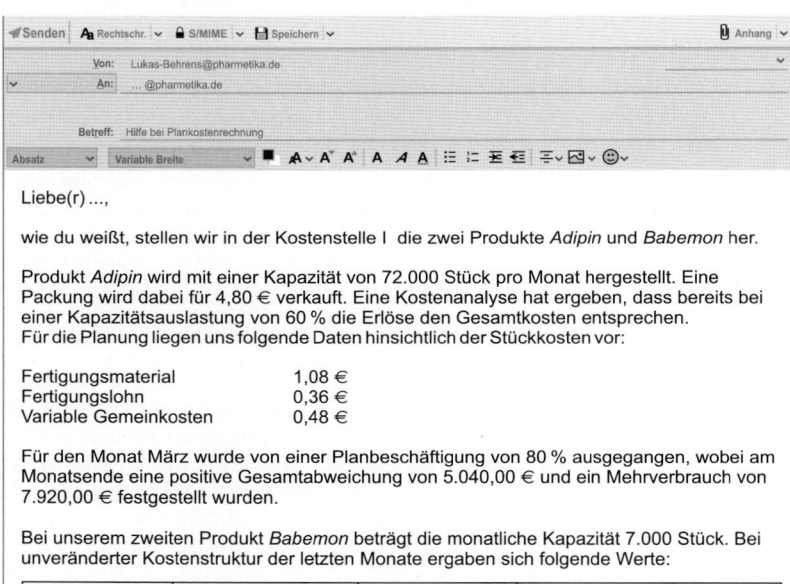

Von: Lukas-Behrens@pharmetika.de
An: ...@pharmetika.de
Betreff: Hilfe bei Plankostenrechnung

Liebe(r) ...,

wie du weißt, stellen wir in der Kostenstelle I die zwei Produkte *Adipin* und *Babemon* her.

Produkt *Adipin* wird mit einer Kapazität von 72.000 Stück pro Monat hergestellt. Eine Packung wird dabei für 4,80 € verkauft. Eine Kostenanalyse hat ergeben, dass bereits bei einer Kapazitätsauslastung von 60 % die Erlöse den Gesamtkosten entsprechen.
Für die Planung liegen uns folgende Daten hinsichtlich der Stückkosten vor:

Fertigungsmaterial	1,08 €
Fertigungslohn	0,36 €
Variable Gemeinkosten	0,48 €

Für den Monat März wurde von einer Planbeschäftigung von 80 % ausgegangen, wobei am Monatsende eine positive Gesamtabweichung von 5.040,00 € und ein Mehrverbrauch von 7.920,00 € festgestellt wurden.

Bei unserem zweiten Produkt *Babemon* beträgt die monatliche Kapazität 7.000 Stück. Bei unveränderter Kostenstruktur der letzten Monate ergaben sich folgende Werte:

	Planbeschäftigung	Istbeschäftigung	Plankostenverrechnungssatz
April	6.000 Stück	6.750 Stück	17,25 €
Mai	?	4.800 Stück	18,75 €
Juni	7.500 Stück	9.000 Stück	15,15 €

Ermitteln Sie die Istbeschäftigung für den Monat März beim Produkt *Adipin* sowie die Beschäftigungsabweichung für den Monat Mai beim Produkt *Babemon*.

Aufgabe 4

4.0 Dem Leitbild der PHARMETIKA AG lässt sich Folgendes entnehmen:

> Die PHARMETIKA AG ist ein international erfolgreiches Unternehmen mit langer Tradition in der Pharmabranche. Die Fortsetzung unseres bisherigen Erfolgs ist oberstes Ziel.
>
> Die Erwartungen unserer Kunden sind unser Richtungsweiser, deren Zufriedenheit unser Qualitätsmaßstab. Wir hören unseren Kunden zu. Gemeinsam schaffen wir für sie innovative und ökologische Lösungen mit Blick auf verschiedene Probleme der Pharmabranche – von Verpackungen über Gerätschaften bis zu Medikamenten. Durch hohe Qualität und gezielte Werbemaßnahmen wollen wir unseren Kundenkreis erweitern und dabei unsere wichtigsten und langjährigen Stammkunden nicht aus den Augen verlieren.
>
> Wir handeln verantwortungsbewusst gegenüber der Gesellschaft, sind der Umwelt verpflichtet und schonen die natürlichen Ressourcen. Dabei versuchen wir, ökologische und nachhaltige Produkte in unsere Produktion einzubeziehen und eine hohe Recyclingquote zu erreichen. Ein Teil unseres Unternehmensgewinns fließt jedes Jahr karitativen Projekten der Region zu, denn das Wohl der Kinder liegt uns besonders am Herzen.
>
> Die Erfüllung der Erwartungen unserer Kunden und Eigentümer ist der beste Weg zur dauerhaften Sicherung von Arbeitsplätzen. Für unseren gemeinsamen Erfolg sind das Vertrauen, die aktive Mitgestaltung von Veränderungen und die persönliche Verantwortung aller Mitarbeiter entscheidend. Deshalb bieten wir unseren engagierten Mitarbeitern übertarifliche Bezahlung und eine langfristige Beschäftigungsgarantie. Wir bauen auf leistungsorientierte und kreative Mitarbeiter, deren Ehrgeiz es ist, unternehmerisch mitzudenken.
>
> Um unsere Ziele zu erreichen, wenden wir uns vor allem an langfristig denkende Investoren. Wir streben ein kontinuierliches Unternehmenswachstum an. Dabei ist uns eine solide und stabile Eigenkapitalbasis wichtig. Neben den eigenen Renditeansprüchen sollten den Investoren auch die wichtigsten Zielsetzungen des Unternehmens am Herzen liegen.

Als bisheriges Kennzahlensystem nutzte die PHARMETIKA AG hauptsächlich die Rentabilitätskennzahlen sowie den ROI. Entsprechend den Veränderungen im Marktumfeld wünscht die Unternehmensleitung eine Darstellung der Leitvisionen in einer Balanced Scorecard.

4.1 Erläutern Sie, weshalb das bisherige Kennzahlensystem das Leitbild der PHARMETIKA AG nur unzureichend widerspiegelt.

4.2 Stellen Sie die Leitvisionen/Ziele in einer Balanced Scorecard dar.

4.3 Zeigen Sie anhand einer Ursachen-Wirkungskette, wie das Ziel „Gemeinsame Lösungen finden" die Ziele der anderen Perspektiven der Balanced Scorecard beeinflusst.

Aufgabe 5

5.0 Im Zweigwerk Burghohenstein werden unter anderem Medikamentenbehältnisse hergestellt. Es liegt folgende Grafik zur Kostenstruktur vor:

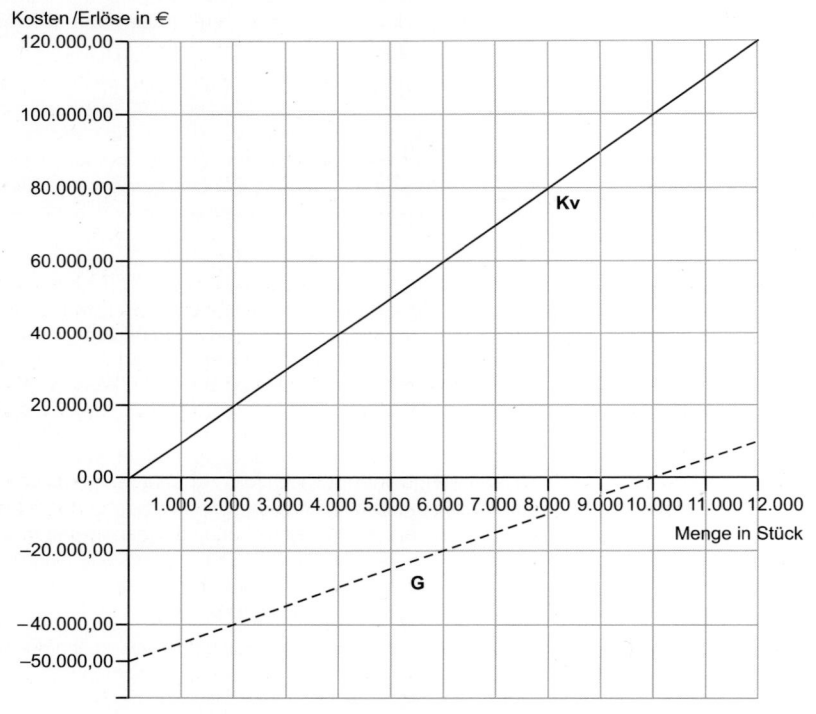

5.1 Ermitteln Sie die Kostenfunktion K(x) und die Erlösfunktion E(x) in Abhängigkeit von der produzierten und abgesetzten Menge von 0 Stück bis zur Kapazitätsgrenze.

5.2 Geben Sie der Unternehmensleitung eine begründete Empfehlung hinsichtlich der Produktion bei kurzfristigen bzw. langfristigen Beschäftigungsschwankungen. Gehen Sie bei Ihrer Analyse davon aus, dass die produzierte Menge auch tatsächlich abgesetzt werden kann.

Aufgabe 6

6.0 Im Zweigwerk Schaffhausen wird ausschließlich das Produkt *Cedanom* auf funktionsgleichen, aber technisch unterschiedlichen Anlagen produziert. Da in diesem Werk die Kapazitätsauslastung bei nur 80 % liegt, sollen Sie die Kosten der Produktion analysieren, um eine Empfehlung an die Unternehmensleitung abzugeben. Ihnen liegen folgende Daten vor:

Anlage	Fixe Kosten je Periode in €	Variable Stückkosten in €/Stück	Monatskapazität in Stück
I	2.000,00	4,50	1.000
II	6.000,00	2,00	6.000
III	5.000,00	3,00	5.000
IV	7.000,00	1,50	8.000

Zusätzlich fallen unternehmensfixe Kosten in Höhe von 15.000,00 € an. Der Erlös beträgt 5,00 €/Stück.

6.1 Ermitteln Sie den Break-even-Umsatz sowie den durchschnittlichen Stückgewinn, die Leerkosten sowie die Remanenzkosten bei aktueller Kapazitätsauslastung.

6.2 Stellen Sie in einer vollständig beschrifteten Skizze den Gesamtkosten- und Gesamterlösverlauf bis zur Kapazitätsgrenze dar. Ergänzen Sie Ihre Skizze mit dem Verlauf der Gewinnfunktion bis zur Gewinnschwellenmenge.

Aufgabe 7

7.0 Sie sind aktuell in der Marketingabteilung eingesetzt und aktualisieren die Social-Media-Kanäle. Dabei erhalten Sie die notwendigen Informationen bzw. Berichte von Ihrem Vorgesetzten. Während Sie am heutigen Post arbeiten, erhalten Sie von der Personalabteilung folgende Rundmail:

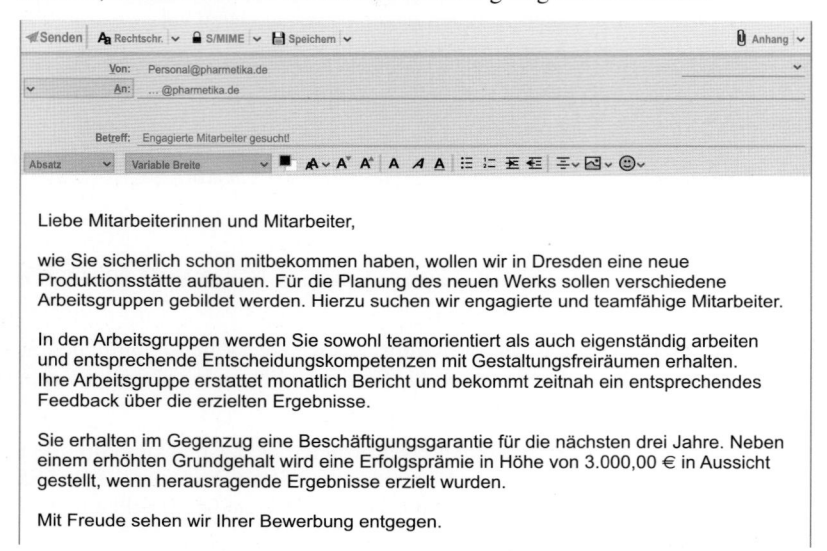

Von: Personal@pharmetika.de
An: ... @pharmetika.de
Betreff: Engagierte Mitarbeiter gesucht!

Liebe Mitarbeiterinnen und Mitarbeiter,

wie Sie sicherlich schon mitbekommen haben, wollen wir in Dresden eine neue Produktionsstätte aufbauen. Für die Planung des neuen Werks sollen verschiedene Arbeitsgruppen gebildet werden. Hierzu suchen wir engagierte und teamfähige Mitarbeiter.

In den Arbeitsgruppen werden Sie sowohl teamorientiert als auch eigenständig arbeiten und entsprechende Entscheidungskompetenzen mit Gestaltungsfreiräumen erhalten. Ihre Arbeitsgruppe erstattet monatlich Bericht und bekommt zeitnah ein entsprechendes Feedback über die erzielten Ergebnisse.

Sie erhalten im Gegenzug eine Beschäftigungsgarantie für die nächsten drei Jahre. Neben einem erhöhten Grundgehalt wird eine Erfolgsprämie in Höhe von 3.000,00 € in Aussicht gestellt, wenn herausragende Ergebnisse erzielt wurden.

Mit Freude sehen wir Ihrer Bewerbung entgegen.

Während Sie die Mail lesen, denken Sie darüber nach, dass Sie durchaus Interesse an einer Veränderung haben. Zwar verstehen Sie sich mit Ihrem Team sowie mit Ihrem Vorgesetzten sehr gut, jedoch möchten Sie Ihre eigenen Gedanken freier einbringen und selbst kreativ werden.

7.1 Erläutern Sie anhand von zwei im Rundschreiben genannten Anreizen, ob und unter welchen Bedingungen von diesen nach der Theorie von Herzberg eine nachhaltig motivierende Wirkung ausgeht.

7.2 Diejenigen Mitarbeiter, die sich für die Arbeitsgruppen bewerben, sollen mithilfe von Personalentwicklungsmaßnahmen auf die veränderten Anforderungen vorbereitet werden. Beschreiben Sie unter Nennung der Fachbegriffe zwei geeignete Personalentwicklungsinstrumente.

7.3 Sollte es bei Ihnen mit der Bewerbung nicht klappen, möchten Sie beim nächsten Mitarbeitergespräch einen flexibleren Personaleinsatz für sich vorschlagen, damit Sie sich entsprechend weiterentwickeln können.

Erläutern Sie zwei konkrete Gestaltungsmöglichkeiten. Bedenken Sie dabei auch mögliche Nachteile, die für das Unternehmen entstehen könnten.

Vorgegebene Bewertungseinheiten:

Aufgabe	1.1	1.2	1.3	1.4	1.5.1	1.5.2	2.1	2.2	3
BE	10	2	2	2	2	5	7	3	17

Aufgabe	4.1	4.2	4.3	5.1	5.2	6.1	6.2	7.1	7.2	7.3
BE	2	6	4	4	4	10	7	6	3	4

Lösungsvorschlag

1.1 Erstellung der Strukturbilanz, Berechnung und Beurteilung der Kennzahlen

> **TIPP** Es ist sinnvoll, zuerst die Strukturbilanz zu erstellen, da für die Berechnung der Kennzahlen Werte aus der Strukturbilanz benötigt werden.
> Die auszuschüttende Dividende wird dort zu den kurzfristigen Verbindlichkeiten (kurzfristiges FK) gezählt.

$$\text{Anzahl der Aktien} = \frac{206.000.000,00\ €}{5,00\ €/\text{St.}} = 41.200.000\ \text{St.}$$

Bilanzgewinn	25.000.000,00 €
– Dividende (41,2 Mio. St. · 0,60 €)	24.720.000,00 €
= Gewinnvortrag (für 2019)	280.000,00 €

	in Mio. €
Gezeichnetes Kapital	206,00
+ Kapitalrücklage	19,60
+ Gesetzliche Rücklagen	12,30
+ Andere Gewinnrücklagen	109,70
+ Gewinnvortrag	0,28
= Eigenkapital	347,88

	in Mio. €
Pensionsrückstellungen	92,40
+ Langfr. Verbindlichkeiten	231,80
= Langfr. Fremdkapital	324,20

	in Mio. €
Sonst. kurzfristige Rückstellungen	139,10
+ Verbindlichkeiten aLL	60,40
+ Sonst. kurzfristige Verbindlichkeiten	28,60
+ Dividendenausschüttung	24,72
= Kurzfristiges Fremdkapital	252,82

Aktiva	Strukturbilanz in Mio. €		Passiva
AV	660,40	EK	347,88
UV	264,50	Langfristiges FK	324,20
		Kurzfristiges FK	252,82
	924,90		924,90

Eigenkapitalquote
$$= \frac{EK}{GK}$$
$$= \frac{347,88 \ €}{924,90 \ €} \cdot 100 \ \% = \mathbf{37{,}61 \ \%}$$

Die EK-Quote gibt das Verhältnis zwischen EK und GK wieder. Sie ist nicht zufriedenstellend, da sie unter dem angestrebten Wert von 50 % liegt. Je besser ein Unternehmen mit EK ausgestattet ist, desto weniger krisenanfällig ist es.

Anlagedeckungsgrad 2
$$= \frac{EK + \text{langfr. FK}}{AV}$$
$$= \frac{347,88 \ € + 324,20 \ €}{660,40 \ €} \cdot 100 \ \% = \mathbf{101{,}77 \ \%}$$

Der Anlagedeckungsgrad 2 liegt knapp über dem Normwert von 100 %. Die goldene Bilanzregel ist somit eingehalten.

Liquiditätsgrad 2
$$= \frac{\text{Forderungen} + \text{flüssige Mittel}}{\text{kurzfr. FK}}$$
$$= \frac{116,5 \ € + 60,70 \ €}{252,82 \ €} \cdot 100 \ \% = \mathbf{70{,}09 \ \%}$$

Der Liquiditätsgrad 2 liegt außerhalb des Normbereichs von 80–100 %. Es besteht die Gefahr einer Illiquidität.

1.2 Rechnerische Überprüfung des Angebots

> **TIPP** Nutzen Sie die Information, dass die Gesamtkapitalrentabilität konstant bleiben soll. Die Basis bildet dabei der Anfangsbestand des Gesamtkapitals (= Schlussbestand des Vorjahres).

GKR
$$= \frac{\text{Jahresüberschuss} + \text{Fremdkapitalzinsen}}{\text{Gesamtkapital}}$$
$$= \frac{35.000.000,00 \ € + 146.200,00 \ €}{924.900.000,00 \ €} \cdot 100 \ \% = \mathbf{3{,}8 \ \%}$$

Das Kreditangebot sollte nicht angenommen werden, da der Zinssatz zu hoch ist. Der FK-Zinssatz muss unter 3,8 % liegen, damit die Kreditaufnahme vorteilhaft ist. Nur in diesem Fall erwirtschaftet das FK mehr, als es kostet, und erhöht somit die EK-Rentabilität (Leverage-Effekt).

1.3 Cashflow als Größe zur Bewertung der Ertrags- und Finanzkraft

Der Cashflow ist zur Messung der wahren Ertrags- und Finanzkraft eines Unternehmens besser geeignet als der Jahresüberschuss, da er um nicht ausgabewirksame Größen korrigiert wird. So werden dem Jahresüberschuss Abschreibungen auf Sachanlagen und Erhöhungen langfristiger Rückstellungen hinzugerechnet und Zuschreibungen zum Sachanlagevermögen sowie Verminderungen langfristiger Rückstellungen abgezogen. Der Cashflow benennt somit besser die zur Verfügung stehenden finanziellen Mittel und drückt auch die selbst erwirtschafteten betrieblichen Einnahmen besser aus.

1.4 Berechnung des (verbleibenden) Cashflows

	in Mio. €
Jahresüberschuss	35,00
+ Abschreibungen	52,00
+ Erhöhung langfr. Rückstellungen	10,00
= Cashflow	97,00
– Dividende	24,72
= Verbleibender Cashflow	72,28

1.5.1 Vorteilhaftigkeit des Leasings

> **TIPP** Nehmen Sie Bezug zur Situationsbeschreibung bzw. zu den Ergebnissen der anderen Teilaufgaben, um die Bewertung vorzunehmen.

Bei Leasing ist die sofortige finanzielle Belastung deutlich geringer. Es könnten ggf. weitere Anschaffungen getätigt werden, da die Anlage dann nicht über einen Kredit finanziert werden müsste und die Liquidität nicht weiter belastet würde. Es ist ohnehin fraglich, ob und zu welchen Konditionen die PHARMETIKA AG einen Kredit erhalten würde (vgl. Aufgabe 1.2). Auch das Risiko des technischen Fortschritts würde vermieden, denn die Anlage kann ggf. an den Leasinggeber zurückgegeben werden.

1.5.2 Financial-Leasing vs. Operate-Leasing

> **TIPP** Der Operator „Grenzen Sie ... voneinander ab" fordert stets, die abzugrenzenden Begriffe zu erläutern und vor allem Unterschiede herauszustellen. Anschließend nehmen Sie Bezug auf die Situation.

Financial-Leasing: Das Objekt steht dem Leasingnehmer für eine lange Zeit zur Verfügung und kann von ihm je nach Vertragsform gegen Ende der Nutzungsdauer als Eigentum übernommen werden. Eine Kündigung während der Laufzeit ist nicht vorgesehen. Der Leasingnehmer trägt damit das Risiko des technischen Fortschritts selbst.

Operate-Leasing: Das Objekt wird nach kurzer Zeit wieder zurückgegeben oder gegen ein anderes, technisch fortgeschrittenes Objekt ausgetauscht. In diesem Fall trägt der Leasinggeber das Risiko des technischen Fortschritts.

Da es sich bei der Anschaffung um eine spezielle Abfüllmaschine handelt, kommt nur das Financial Leasing infrage. Beim Operate Leasing müsste der Leasinggeber das Objekt weiter verleasen können, was jedoch bei einer speziellen Abfüllmaschine fraglich ist. Die PHARMETIKA AG wird voraussichtlich keinen weiteren Kredit (siehe Aufgabe 1.2) aufnehmen, es bleibt somit nur das Financial-Leasing als Finanzierungsoption bestehen.

2.1 Darstellung der Kapazitätserweiterung

> **TIPP** Sobald ausreichend freie Mittel zur Verfügung stehen, wird am Jahresende eine neue Maschine angeschafft, die im nächsten Jahr abgeschrieben werden muss. Nach Laufzeitende scheiden die Maschinen aus der Berechnung aus.

Jahr	Maschinen-anzahl	Anschaf-fungswert (in €)	Jahresab-schreibung (in €)	Zusätzliche Maschinen	Maschinen-abgang	Freie Mittel (in €)
2019	4	240.000,00	48.000,00	0	0	48.000,00
2020	4	240.000,00	48.000,00	1	0	36.000,00
2021	5	300.000,00	60.000,00	1	0	36.000,00
2022	6	360.000,00	72.000,00	1	0	48.000,00
2023	7	420.000,00	84.000,00	2	4	12.000,00
2024	5	300.000,00	60.000,00	1	0	12.000,00
2025	6	360.000,00	72.000,00	1	1	24.000,00

2.2 Einfluss des Verkaufspreises auf den Lohmann-Ruchti-Effekt

Die Finanzierung zusätzlicher Maschinen aus Abschreibungsgegenwerten setzt voraus, dass die im Verkaufspreis einkalkulierten Abschreibungsbeträge zur Neubeschaffung zusätzlicher Maschinen verwendet werden können. Wenn die zurückfließenden Abschreibungsbeträge um den Verlustbetrag kleiner sind, d. h. der Verkaufspreis unterhalb der Selbstkosten liegt, dann steht dem Unternehmen weniger Geld zur Verfügung. Es kann somit nicht im gleichen Umfang zusätzliche Maschinen anschaffen, weshalb der Lohmann-Ruchti-Effekt kleiner ausfällt.

3.0 Ermittlung der Istbeschäftigung und der Beschäftigungsabweichung

> **TIPP** Ermitteln Sie bei *Babemon* zuerst die variablen Stückkosten sowie die fixen Kosten und berechnen Sie anschließend die Planbeschäftigung. Denken Sie daran, dass die fixen Kosten unabhängig von der Produktionsmenge sind.

Produkt *Adipin*
Gewinnschwellenmenge 60 % von 72.000 St. = 43.200 St.
Bei der Gewinnschwellenmenge gilt:
$K = E \rightarrow E = p \cdot x$
$ = 4{,}80 \ €/St. \cdot 43.200 \ St. = 207.360{,}00 \ €$
$k_v = FM + FL + \text{variable GK}$
$ = 1{,}08 \ € + 0{,}36 \ € + 0{,}48 \ € = 1{,}92 \ €$
$K_f = K - k_v \cdot x$
$ = 207.360{,}00 \ € - 1{,}92 \ €/St. \cdot 43.200 \ St.$
$ = 124.416{,}00 \ €$

Abweichung von der Planbeschäftigung im Monat März (80 % von 72.000 St. = 57.600 St.):
$BA = GA - VA$
$ = 5.040{,}00 \ € - (-7.920{,}00 \ €) = 12.960{,}00 \ €$

Istbeschäftigung im Monat März:
$$BA = K_f \cdot \frac{IB - PB}{PB}$$
$$\rightarrow IB = PB \cdot (\frac{BA}{K_f} + 1) = 57.600 \ St. \cdot (\frac{12.960{,}00 \ €}{124.416{,}00 \ €} + 1)$$
$IB = 63.600 \ St.$

Produkt *Babemon*
$PK = pkvs \cdot PB$
$PK_{April} = 17{,}25 \ €/St. \cdot 6.000 \ St. = 103.500{,}00 \ €$
$PK_{Juni} = 15{,}15 \ €/St. \cdot 7.500 \ St. = 113.625{,}00 \ €$

Kostenzerlegung:
$K_{f, April} = K_{f, Juni}$

$PK_{April} - k_v \cdot x_{April} = PK_{Juni} - k_v \cdot x_{Juni}$

$$k_v = \frac{PK_{Juni} - PK_{April}}{x_{Juni} - x_{April}} = \frac{113.625{,}00 \ € - 103.500{,}00 \ €}{7.500 \ St. - 6.000 \ St.} = 6{,}75 \ €/St.$$

$K_f = 103.500{,}00 \ € - 6.000 \ St. \cdot 6{,}75 \ €/St. = 63.000{,}00 \ €$

Für Mai gilt:

$k_f = pkvs - k_v = 18{,}75 \text{ €/St.} - 6{,}75 \text{ €/St.} = 12{,}00 \text{ €/St.}$

$PB_{Mai} = \dfrac{K_f}{k_f} = \dfrac{63.000{,}00 \text{ €}}{12{,}00 \text{ €/St.}} = 5.250 \text{ St.}$

$BA = K_f \cdot \dfrac{IB - PB}{PB} = 63.000{,}00 \text{ €} \cdot \dfrac{4.800 \text{ St.} - 5.250 \text{ St.}}{5.250 \text{ St.}} = \mathbf{-5.400{,}00 \text{ €}}$

4.1 Grenzen der bisherigen Kennzahlenanalyse

Das bisherige Kennzahlensystem berücksichtigt ausschließlich die finanziellen Ziele des Unternehmens. Die ökologischen und sozialen Ziele, die entsprechend dem Unternehmensleitbild die Unternehmensstrategie wesentlich beeinflussen und entscheidend zum Unternehmenserfolg beitragen, werden dabei nicht berücksichtigt. Um eine umfassende Strategie, die dem Leitbild gerecht wird, zu entwickeln, umzusetzen und zu kontrollieren, müssen weitere Perspektiven miteinbezogen werden.

4.2 Darstellung der Leitvisionen/Ziele in der Balanced Scorecard

TIPP Die Balanced Scorecard umfasst die vier Bereiche Finanzen, Kunden, interne Prozesse und Mitarbeiter und soll sich auf die entsprechende Situation möglichst genau beziehen.

Finanzen
- Langfristig denkende Investoren
- Regelmäßige Dividendenauszahlungen
- Unterstützung karitativer Projekte
- Stabile Eigenkapitalbasis
- Kontinuierliches Wachstum

Kunden
- Gemeinsame Lösungen, um Erwartungen zufriedenzustellen
- Fokus auf wichtige und langjährige Stammkunden
- Erweiterung des Kundenkreises

Interne Prozesse
- Weiterentwicklung vorhandener Produkte
- Hohe Recyclingquote
- Umweltschutz/Senken des Ressourcenverbrauchs

Mitarbeiter
- Persönliche Verantwortung
- Aktive Mitgestaltung
- Übertarifliche Bezahlung und Beschäftigungsgarantie
- Leistungsorientierung, Kreativität und unternehmerisches Denken

4.3 Zusammenwirken der Perspektiven der Balanced Scorecard

TIPP Eine Ursachen-Wirkungskette fordert einen klaren Zusammenhang zwischen den einzelnen Punkten. Führen Sie die Ursache an, welche die geforderte Wirkung erzielt. Vermeiden Sie Gedankensprünge.

Das Ziel „Gemeinsame Lösungen finden" fordert aus der Perspektive „Interne Prozesse" als Ziel „Weiterentwicklung vorhandener Produkte". Dafür werden kreative und leistungsorientierte Mitarbeiter (Perspektive Mitarbeiter) benötigt. Zur Finanzierung der Produktentwicklung sind zudem entsprechende finanzielle Mittel nötig, welche nur langfristig denkende Investoren (Perspektive Finanzen) zur Verfügung stellen, da zunächst die Kosten der Entwicklungsarbeit erwirtschaftet werden müssen, bevor die weiterentwickelten oder neu entwickelten Produkte Gewinne erzielen.

5.1 Ermittlung der Kosten- und Erlösfunktion

TIPP Stellen Sie zuerst die Kostenfunktion K(x) auf. Nutzen Sie dazu die Grafik (Gewinnschwellenmenge). Wenn nichts produziert wird, fallen trotzdem fixe Kosten an.

Aus der Grafik:
$$k_v = \frac{100.000,00\ €}{10.000\ St.} = 10,00\ €/St.$$

$K_f = 50.000,00$ € (Schnittpunkt der Gewinnkurve mit y-Achse)

→ **K(x) = 50.000,00 € + 10,00 €/St. · x**

G = E − K → bei 10.000 St. gilt: G = 0
→ E = K = 150.000,00 €
Mit E = p · x → 150.000,00 € = p · 10.000 St.
→ p = 15,00 €/St.
→ **E(x) = 15,00 €/St. · x**

5.2 Produktion bei kurz- und langfristiger Beschäftigungsabweichung

Sollte die Produktionsmenge unter 10.000 Stück sinken, wird kein Gewinn erzielt. Kurzfristig stellt dies kein Problem dar, solange die variablen Kosten noch gedeckt werden. Dies ist hier stets der Fall, da ein Stückerlös von 15,00 € erzielt wird, der über den variablen Stückkosten von 10,00 € liegt.

Langfristig gesehen ist eine Unterschreitung der Gewinnschwellenmenge von 10.000 Stück nicht rentabel, da die Fixkosten nicht gedeckt werden und so ein stetiger Verlust entsteht.

6.1 Ermittlung des Break-even-Umsatzes, des durchschnittlichen Stückgewinns, der Leerkosten und Remanenzkosten

Alle Maschinen sind bereits vorhanden und werden entsprechend den variablen Stückkosten in der Reihenfolge IV, II, III, I ausgelastet:

K_{untfix}	15.000,00 €	
+ K_f (IV)	7.000,00 €	
+ K_f (II)	6.000,00 €	
+ K_f (III)	5.000,00 €	
+ K_f (I)	2.000,00 €	
= K_f	35.000,00 €	
− DB (IV)	28.000,00 €	(= 8.000 St. · (5,00 − 1,50) €/St.)
= Rest-K_f	7.000,00 €	

Produktion von II: $\dfrac{7.000{,}00\ €}{(5{,}00 - 2{,}00)\ €/St.} = 2.333{,}\overline{33}$ St. = 2.334 St.

Gewinnschwellenmenge = 8.000 St. + 2.334 St. = 10.334 St.

Break-even-Umsatz = 10.334 St. · 5,00 €/St. = **51.670,00 €**

Berechnung des **durchschnittlichen Stückgewinns** bei 80 % Auslastung (80 % von 20.000 St. = 16.000 St.):

Erlöse	80.000,00 €	(= 16.000 St. · 5,00 €/St.)
− K_f	35.000,00 €	
− K_v(IV)	12.000,00 €	(8.000 St.)
− K_v(II)	12.000,00 €	(6.000 St.)
− K_v(III)	6.000,00 €	(2.000 St.)
= BE	15.000,00 €	

Durchschnittlicher Gewinn pro Stück = $\dfrac{15.000{,}00\ €}{16.000\ St.}$ = **0,94 €/St.**

Berechnung der Leerkosten:

	Gesamt	Nicht genutzt	Leerkosten
K_{untfix}	15.000,00 €	20 %	3.000,00 €
K_f(III)	5.000,00 €	60 %	3.000,00 €
K_f(I)	2.000,00 €	100 %	2.000,00 €
Gesamt			**8.000,00 €**

Remanenzkosten: K_f(I) = 2.000,00 €

6.2 Grafische Darstellung der Kosten-, Erlös- und Gewinnfunktion

> **TIPP** Eine Maschine mit niedrigen variablen Kosten sollte zuerst genutzt werden (i. d. R. hat diese auch die höchsten Fixkosten). Beschriften Sie alle wichtigen Punkte (Knicke).

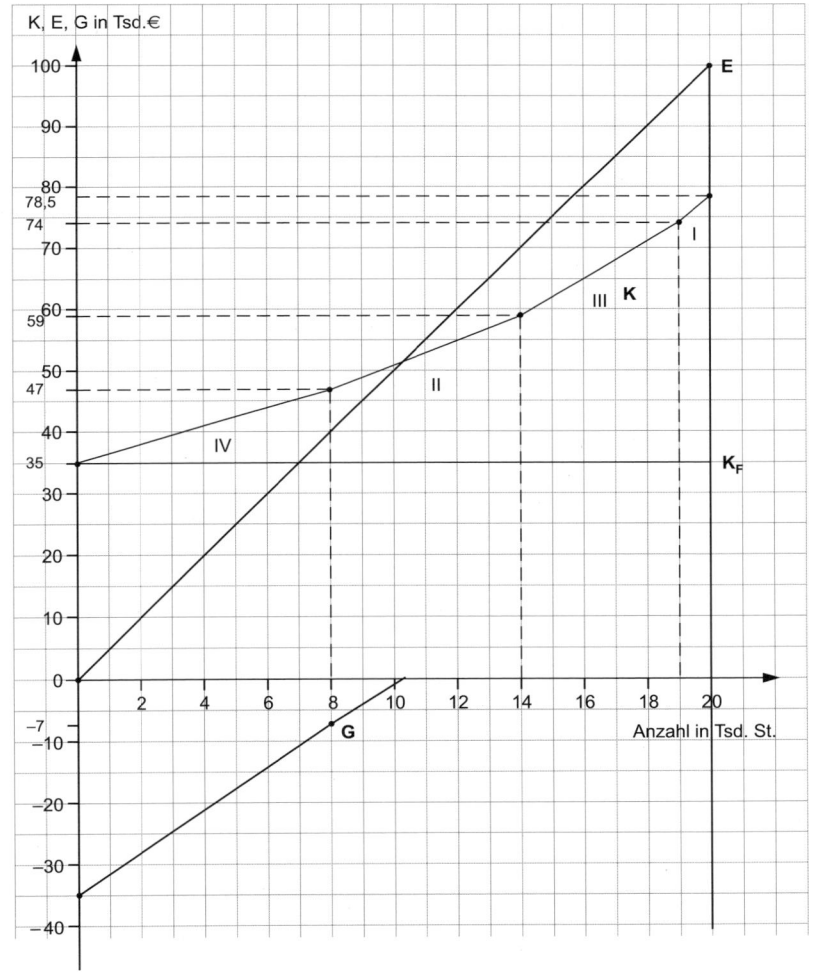

bei 0 St.: $K = 35.000,00 \,€$
bei 8.000 St.: $K = 35.000,00 \,€ + 8.000 \text{ St.} \cdot 1,50 \,€/\text{St.} = 47.000,00 \,€$
bei 14.000 St.: $K = 47.000,00 \,€ + 6.000 \text{ St.} \cdot 2,00 \,€/\text{St.} = 59.000,00 \,€$
bei 19.000 St.: $K = 59.000,00 \,€ + 5.000 \text{ St.} \cdot 3,00 \,€/\text{St.} = 74.000,00 \,€$
bei 20.000 St.: $K = 74.000,00 \,€ + 1.000 \text{ St.} \cdot 4,50 \,€/\text{St.} = 78.500,00 \,€$

7.1 Theorie nach Herzberg

Nach Herzberg wird Motivation durch zwei Faktoren beeinflusst: durch Motivatoren, welche eine Person von einem motivationsneutralen Zustand in einen motivierten Zustand versetzen können, und durch Hygienefaktoren, welche lediglich Unzufriedenheit, die demotivierend wirkt, vermeiden, aber nicht zusätzlich motivieren.

Die angesprochene Arbeitsplatzsicherheit sowie das erhöhte Grundgehalt zählen zu den Hygienefaktoren. Beide motivieren die Mitarbeiter nicht zusätzlich, sondern entschädigen sie lediglich für ihren Aufwand.

Die Aussicht auf selbstbestimmte Tätigkeiten mit gewissen Gestaltungsfreiräumen und Entscheidungskompetenzen kann hingegen als Motivator angesehen werden. Die Mitarbeiter steigen in der Unternehmenshierarchie auf und erhalten zusätzlich Anerkennung. Diese Faktoren motivieren nachhaltig.

7.2 Personalentwicklung

z. B. (zwei Maßnahmen sind ausreichend):

PE off the Job: Die Mitarbeiter werden für den Einsatz in den Arbeitsgruppen außerhalb der Arbeitszeiten in Führungstrainings vorbereitet.

PE into the Job: Die Mitarbeiter erhalten in bereits bestehende Arbeitsgruppen Einblick, damit sie mit den Arbeitsweisen der Arbeitsgruppen vertraut werden.

PE along the Job: Während der Arbeit in den Arbeitsgruppen erhalten die Mitarbeiter entsprechend dem Arbeitsergebnis der Gruppe bzw. dem eigenen Entwicklungsstand die Möglichkeit, an Schulungen teilzunehmen.

7.3 Gestaltungsmöglichkeiten hinsichtlich der Arbeitsinhalte

TIPP Denken Sie an das Kapitel „Personal" aus der 11. Klasse.

Job Enrichment: Sie schlagen vor, dass Sie eigenverantwortlich die Inhalte, welche über die Social-Media-Kanäle des Unternehmens verbreitet werden, planen und die gesamten Einträge (inkl. Text) selbst gestalten. Aus Sicht des Unternehmens besteht die Gefahr, dass Sie Informationen weitergeben, die nicht für die Öffentlichkeit bestimmt oder fehlerhaft sind.

Job Enlargement: Sie schlagen vor, dass Sie sich zusätzlich um einen internen Newsletter kümmern. Sie wollen mit diesem die Mitarbeiter über die neuesten Entwicklungen im Unternehmen informieren. Hier könnten zusätzliche Kosten auf das Unternehmen zukommen, da Sie neben Ihrer bisherigen Tätigkeit zusätzliche, zeitintensive Maßnahmen übernehmen.

Bayern – FOS · BOS 13
Musterprüfung 2 im Stil des Abiturs

Aufgabe 1

1.0 Nach erfolgreich bestandener Hochschulreife durchlaufen Sie im Rahmen eines betriebswirtschaftlichen Praktikums verschiedene Abteilungen der PENZO AG. Dieses Traditionsunternehmen hat sich als führender Hersteller von nachhaltig produziertem Holzspielzeug auf dem deutschen Markt etabliert. Aufgrund der internationalen Konkurrenz, vor allem aus Asien, soll die derzeitige Unternehmensstrategie analysiert und bei Bedarf nachgesteuert werden.

Nachdem Sie am Meeting einiger Abteilungsleiter teilgenommen haben, liegt Ihnen folgende Notiz vor:

Strengths	Weaknesses
Hoher Marktanteil (60 % in Deutschland), sehr gute Onlinebewertungen, hohe Produktqualität	Tiefes, aber enges Produktprogramm (wenig Produktarten)
Opportunities	**Threats**
Aufgrund des zunehmenden ökologischen Bewusstseins in der Gesellschaft Erwartung einer steigenden Nachfrage	Sehr umfangreiches Angebot zu niedrigeren Preisen aus Asien, kostengünstig in Massenproduktion produziert

1.1 Beschreiben Sie die verschiedenen strategischen Optionen, welche aus der dargestellten SWOT-Analyse abgeleitet werden können.

1.2 Formulieren Sie anhand einer strategischen Option (Aufgabe 1.1) im Rahmen der Balanced Scorecard ein strategisches Ziel der Perspektive *interne Prozesse*.
Bestimmen Sie eine geeignete Kennzahl (mit konkretem Richtwert), anhand derer die PENZO AG die Zielerreichung überprüfen kann, und nennen Sie eine konkrete operative Maßnahme.

1.3 Ihr Vorgesetzter merkt an, dass eine Balanced Scorecard nur so gut sei wie die Aussagekraft ihrer Kennzahlen.
Nehmen Sie zu dieser Aussage begründet Stellung, indem Sie zwei Kennzahlen exemplarisch gegenüberstellen.

Aufgabe 2

2.0 Im Rahmen der Unternehmensanalyse soll auch die Bilanz der PENZO AG analysiert werden, um auf dieser Basis zukünftige Finanzierungs- und Investitionsentscheidungen treffen zu können. Zu diesem Zweck liegen Ihnen die aufbereiteten Bilanzen der vergangenen zwei Geschäftsjahre vor, welche jeweils vor Ergebnisverwendung erstellt worden sind.

AKTIVA			Bilanz der PENZO AG in Tsd. €	PASSIVA	
	00	**01**		**00**	**01**
A. Anlagevermögen			**A. Eigenkapital**		
I. Immat. Vermögensgegenstände	20	21	I. Gezeichnetes Kapital	2.000	3.000
II. Sachanlagen			II. Kapitalrücklage	0	70
1. Grundstücke und Bauten	2.860	3.920	III. Gewinnrücklagen		
2. Technische Anlagen	980	1.022	1. Gesetzliche Gewinnrücklage	200	200
3. Betriebs- und Geschäftsausstattung	700	2.000	2. Andere Gewinnrücklagen	786	800
III. Finanzanlagen	200	168	IV. Gewinnvortrag	10	12
B. Umlaufvermögen			V. Jahresüberschuss	372	760
I. Vorräte	780	760	**B. Fremdkapital**		
II. Forderungen	330	312	Pensionsrückstellungen	1.899	1.912
III. Wertpapiere des Umlaufvermögens	270	281	Langfristige Verbindlichkeiten	1.420	2.250
IV. Kasse, Bank	700	820	Kurzfristige Verbindlichkeiten	153	300
	6.840	**9.304**		**6.840**	**9.304**

Des Weiteren ist Ihnen bekannt, dass alle Aktien der PENZO AG einen Nennwert von 5,00 € haben. Den anderen Gewinnrücklagen sollen im Jahr 01 138 T€ zugeführt werden. Gesetzliche Gewinnrücklagen bildet das Unternehmen nach handelsrechtlichen Vorschriften.

Auf der Hauptversammlung wurde beschlossen, dass die Inhaber der jungen Aktien im Jahr 01 eine Stückdividende von 0,40 € erhalten sollen. An die übrigen Anteilseigner wird die höchstmögliche Stückdividende in vollen Prozent ausgeschüttet. Ein Verlust soll nicht vorgetragen werden.

2.1 Erstellen Sie in Vorbereitung auf die Bilanzanalyse die Strukturbilanz nach vollständiger Ergebnisverwendung für das Jahr 01.

2.2 Beurteilen Sie die finanzielle Situation der PENZO AG in Bezug auf die gegebene Grafik.

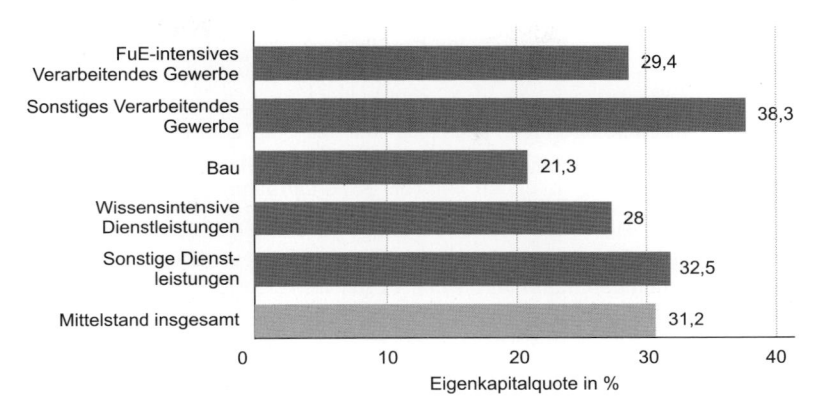

Branche	Eigenkapitalquote in %
FuE-intensives Verarbeitendes Gewerbe	29,4
Sonstiges Verarbeitendes Gewerbe	38,3
Bau	21,3
Wissensintensive Dienstleistungen	28
Sonstige Dienstleistungen	32,5
Mittelstand insgesamt	31,2

eigene Darstellung, Daten nach Kfw

2.3 Die Finanzanlagen der PENZO AG umfassen ausschließlich ein Aktienpaket, welches im Dezember 00 zu einem Stückpreis von 5,00 € (inklusive Nebenkosten) erworben und zu Anschaffungskosten bilanziert wurde. Ermitteln Sie den Kurswert einer Aktie zum 31.12.01 und begründen Sie den Bilanzansatz aus handelsrechtlicher Sicht.

Aufgabe 3

3.0 In der Abteilung Produktentwicklung wurde das elektrisch betriebene Holzauto *VANI* entwickelt und von Produkttestern für gut befunden. Um dieses in Zukunft in großer Stückzahl produzieren zu können, ist eine Gesamtinvestition von 500.000,00 € für fünf baugleiche Produktionsanlagen nötig. Es ist zu prüfen, ob eine Kreditfinanzierung einer offenen Selbstfinanzierung im Rahmen der geplanten Investition vorzuziehen ist.
Im vergangenen Geschäftsjahr 01 betrugen die Aufwendungen für Fremdkapitalzinsen 22.000,00 €. Die Hausbank des Unternehmens bietet ein Annuitätendarlehen mit einer Annuität von 50.000,00 € und einem Tilgungsanteil von 40.500,00 € im ersten Jahr (bei Kreditaufnahme am 01. 01. 02) an.

3.1 Geben Sie auf Grundlage des Leverage-Effekts eine begründete Empfehlung ab, welche Finanzierungsform das Unternehmen wählen sollte, wenn die Gesamtkapitalrentabilität im Jahr 02 der im vergangenen Geschäftsjahr entspräche.

3.2 Erklären Sie, welche Auswirkung es auf die Liquidität und den Erfolg des Folgejahres hätte, wenn die PENZO AG sich für eine Außen-Fremdfinanzierung entscheiden würde.

3.3 Aufgrund von Marktforschungsergebnissen rechnet die Marketingabteilung damit, dass die Nachfrage nach dem Produkt *VANI* gemäß dem typischen Produktlebenszyklus erst langsam ansteigen und nach Erreichen eines Höhepunkts (Sättigung) stark absinken wird. Diesbezüglich finden Sie folgende Notiz am Arbeitsplatz:

> Guten Morgen,
>
> ich möchte im heutigen Teammeeting aufzeigen, dass die Anschaffung von fünf Anlagen für das Produkt *VANI* vorerst genügt, auch wenn deren Kapazität nur für die Stückzahl, die wir in der Einführungsphase produzieren müssen, ausreicht. Die voraussichtlich steigende Nachfrage können wir m. E. durch den Kapazitätserweiterungseffekt bedienen. Eine Anlage produziert 10.000 Stück pro Jahr und wird über 4 Jahre linear abgeschrieben. Stellst du bitte in einer Tabelle dar, welche Nachfrage wir in den nächsten 5 Jahren über Abschreibungsrückflüsse bedienen können?
> Danke! Kerstin

Stellen Sie den in der Notiz erwähnten Kapazitätserweiterungseffekt tabellarisch dar.

3.4 Einige Kolleginnen und Kollegen geben im Meeting zu bedenken, dass die Nachfrage kurzfristig auch stärker steigen könnte als erwartet. Erläutern Sie eine Form des Leasings, welche in diesem Fall empfehlenswert wäre.

3.5 Das Unternehmen kalkuliert für die kommenden Geschäftsjahre mit folgenden Periodenüberschüssen für jeweils eine Maschine:

Jahr 1 (t_1)	12.000,00 €
Jahr 2 (t_2)	20.000,00 €
Jahr 3 (t_3)	22.000,00 €
Jahr 4 (t_4)	25.000,00 €
Jahr 5 (t_5)	27.000,00 €
Kalkulatorischer Zinssatz	1,50 %

3.5.1 Begründen Sie mithilfe der Kapitalwertmethode, ob die Investition getätigt werden sollte.

3.5.2 Ein Kollege merkt an, dass die Investition nur deshalb einen positiven Kapitalwert aufweist, weil der Marktzins derzeit sehr niedrig ist.
Nehmen Sie Stellung zur Aussage Ihres Kollegen.

Aufgabe 4

4.0 Um den Marktanteil zu halten, fertigt die PENZO AG seit Längerem in einem Zweigwerk den Beißring *FRED* aus nachhaltig, ökologisch angebautem Holz. Es stehen vier Produktionsanlagen mit unterschiedlicher technischer Ausstattung zur Verfügung. Die Beißringe sind als Geschenk beliebt, deshalb geht die Verkaufsabteilung von stark schwankenden Absatzzahlen aus.
Sie sollen analysieren, wie sich das Unternehmen kostenoptimal an die Beschäftigungsschwankungen anpassen kann, und erhalten folgende E-Mail:

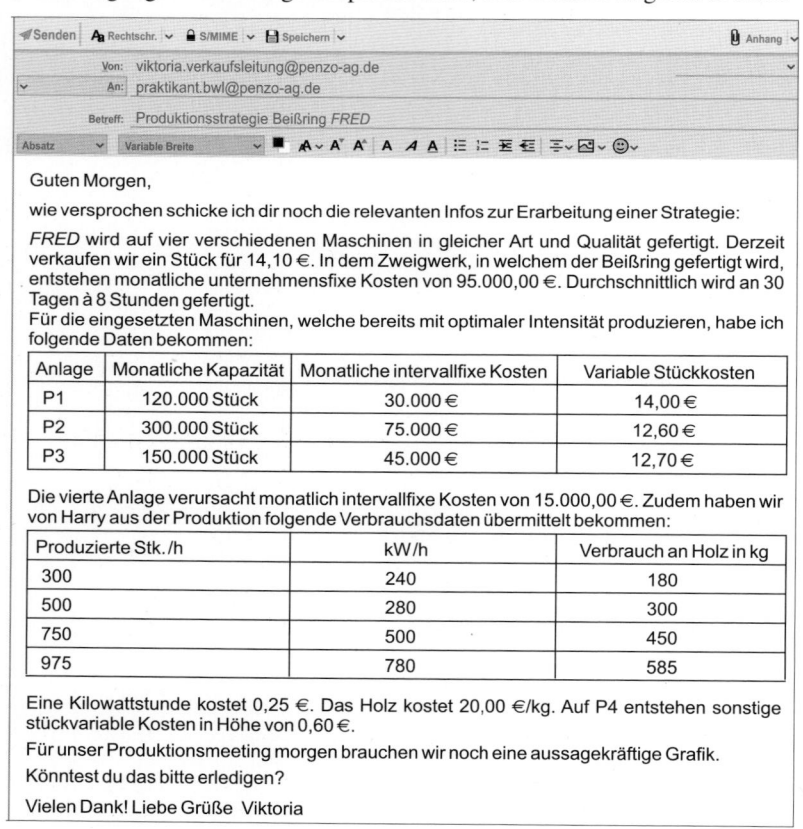

Von: viktoria.verkaufsleitung@penzo-ag.de
An: praktikant.bwl@penzo-ag.de
Betreff: Produktionsstrategie Beißring *FRED*

Guten Morgen,

wie versprochen schicke ich dir noch die relevanten Infos zur Erarbeitung einer Strategie:

FRED wird auf vier verschiedenen Maschinen in gleicher Art und Qualität gefertigt. Derzeit verkaufen wir ein Stück für 14,10 €. In dem Zweigwerk, in welchem der Beißring gefertigt wird, entstehen monatliche unternehmensfixe Kosten von 95.000,00 €. Durchschnittlich wird an 30 Tagen à 8 Stunden gefertigt.
Für die eingesetzten Maschinen, welche bereits mit optimaler Intensität produzieren, habe ich folgende Daten bekommen:

Anlage	Monatliche Kapazität	Monatliche intervallfixe Kosten	Variable Stückkosten
P1	120.000 Stück	30.000 €	14,00 €
P2	300.000 Stück	75.000 €	12,60 €
P3	150.000 Stück	45.000 €	12,70 €

Die vierte Anlage verursacht monatlich intervallfixe Kosten von 15.000,00 €. Zudem haben wir von Harry aus der Produktion folgende Verbrauchsdaten übermittelt bekommen:

Produzierte Stk./h	kW/h	Verbrauch an Holz in kg
300	240	180
500	280	300
750	500	450
975	780	585

Eine Kilowattstunde kostet 0,25 €. Das Holz kostet 20,00 €/kg. Auf P4 entstehen sonstige stückvariable Kosten in Höhe von 0,60 €.
Für unser Produktionsmeeting morgen brauchen wir noch eine aussagekräftige Grafik. Könntest du das bitte erledigen?

Vielen Dank! Liebe Grüße Viktoria

4.1 Stellen Sie die optimale Reihenfolge der Maschinenbelegung sowie $K(x)$ und $E(x)$ in einer vollständig beschrifteten Skizze dar. Tragen Sie die Werte (in Tsd. €) für die Gewinnschwellenmenge, das Gewinnmaximum sowie für K an den Kapazitätsgrenzen der einzelnen Maschinen ein.

4.2 Beschreiben Sie ein Fertigungsverfahren, das für die Produktion des Beißrings *FRED* sinnvoll erscheint.

Aufgabe 5

5.0 Über die Kostenstelle HOLZMURMELN gibt es jeden Monat Diskussionen, weil regelmäßig die Planvorgabe für das Gesamtkostenbudget überschritten wird. Sie werden damit beauftragt, die Kosten zu analysieren. Ihnen liegen folgende Werte vor:

Kostenplan Geschäftsjahr 02			
Kostenstelle HOLZMURMELN	Kostenstellenleiterin: Frau Ingrid Kaiser		
Bezugsgröße: Maschinenstunden	Planbeschäftigung: 200 h		
Kostenart	Kosten gesamt	Variable Kosten	Fixkosten
Fertigungslöhne 90 h à 20 €	1.800,00 €	1.800,00 €	
Hilfslöhne für Lagermitarbeiter und Reinigungspersonal	170,00 €	135,00 €	35,00 €
Gehalt Frau Kaiser	2.250,00 €		2.250,00 €
Hilfs- und Betriebsstoffe	1.450,00 €	950,00 €	500,00 €
Instandhaltung	225,00 €	210,00 €	15,00 €
Kalkulatorische Abschreibung	905,00 €	905,00 €	

Auszug aus dem Betriebsabrechnungsbogen	Fertigungskostenstelle Holzmurmeln
Kostenstellengemeinkosten	IST-Beschäftigung: 250 h
Hilfslöhne	320,00 €
Gehalt Frau Kaiser	2.250,00 €
Hilfs- und Betriebsstoffe	2.400,00 €
Instandhaltung	420,00 €
Kalkulatorische Abschreibung	905,00 €
Kostenstelleneinzelkosten	
Fertigungslöhne	2.800,00 €
Sondereinzelkosten der Fertigung	0,00 €

5.1 Bestimmen Sie Art und Höhe der Verbrauchs-, Beschäftigungs- und Gesamtabweichung und stellen Sie Ihr Ergebnis in einer beschrifteten Skizze dar.

5.2 Begründen Sie, ob die Kostenstellenleiterin für die Gesamtabweichung verantwortlich gemacht werden kann.

Aufgabe 6

6.0 Sie beenden Ihr Praktikum in der Personalabteilung, in der Sie mit der Sozialpsychologin Frau Klingsporn zusammenarbeiten, die für die Entwicklung von Führungskräften und die Mitarbeitermotivation zuständig ist. In den vergangenen Monaten hat Frau Klingsporn einige Befragungen durchgeführt und legt Ihnen folgende Auswertung der Ergebnisse vor:

[M1]: Bewertung der Arbeitsbedingungen

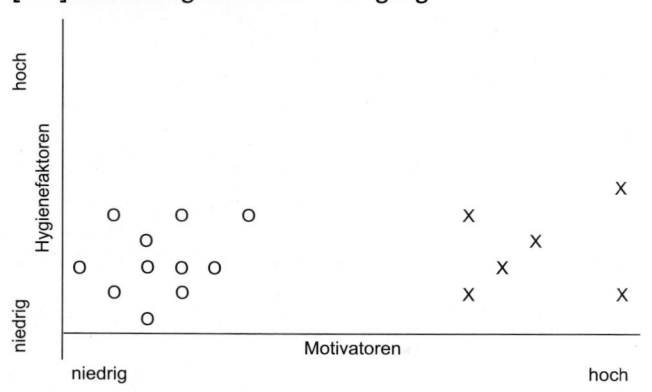

X = Mitarbeiter der Marketingabteilung
O = Produktionsmitarbeiter

6.1 Erklären Sie die Inhaltstheorie von Frederik Herzberg und gehen Sie auf die aktuelle Situation der beiden Berufsgruppen sowie auf mögliche Folgen dieses Zustands ein. Unterbreiten Sie einen konkreten Vorschlag, wie die Situation beider Gruppen mit einer Maßnahme verbessert werden könnte.

6.2 Unter den Produktionsmitarbeitern erreichte bei der Umfrage folgende Aussage eine Zustimmung von über 85 %:

[A1]: „Die meisten Vorgesetzten erteilen klare Vorgaben/Arbeitsanweisungen und lassen wenig Spielraum für eigene Entscheidungen."

Erläutern Sie anhand der Theorie X nach McGregor den Zusammenhang zwischen der Aussage [A1] und der Abbildung [M1].

Vorgegebene Bewertungseinheiten:

Aufgabe	1.1	1.2	1.3	2.1	2.2	2.3	3.1	3.2	3.3
BE	8	4	5	10	2	4	4	2	6
Aufgabe	3.4	3.5.1	3.5.2	4.1	4.2	5.1	5.2	6.1	6.2
BE	3	6	3	17	3	10	3	7	3

Lösungsvorschlag

1.1 Ableitung strategischer Optionen aus der SWOT-Analyse

SO-Strategie: Die PENZO AG weist bereits einen hohen Marktanteil verbunden mit einer voraussichtlich steigenden Nachfrage nach ihren Produkten auf. Diese Erfolg versprechende Situation kann z. B. mit weiteren Werbemaßnahmen ausgebaut werden.

WO-Strategie: Die PENZO AG bietet trotz der erwarteten steigenden Nachfrage nur wenig Produktarten an (geringe Produktbreite). Interne Verbesserungsoptionen, wie z. B. die Erweiterung der Produktpalette durch eine gesteigerte Innovationstätigkeit, sollten realisiert werden.

WT-Strategie: Die Unternehmensleitung sollte sich nicht verleiten lassen, billige Massenprodukte nach asiatischem Vorbild zu produzieren, sondern stattdessen weiterhin auf Nachhaltigkeit und hohe Produktqualität setzen.

ST-Strategie: Um das Risiko, Marktanteile an asiatische Firmen zu verlieren, zu minimieren, sollte das Unternehmen innovative Produkte patentieren lassen (eigene Stärken vor den Risiken des externen Umfelds schützen).

1.2 Ableitung und Überprüfung eines strategischen Ziels, Angabe einer konkreten operativen Maßnahme

> **TIPP** Eine Antwort ist auch im Fließtext möglich, eine tabellarische Darstellung wird nicht explizit gefordert. Auch inhaltlich gibt es verschiedene Lösungsmöglichkeiten. Aufgabenformen mit mehreren richtigen Antwortmöglichkeiten werden vom LehrplanPLUS explizit gefordert.

Strategisches Ziel	Messgröße	Konkrete Ausprägung	Operative Maßnahme
Erhöhung der Innovationstätigkeit zur Erweiterung der Produktpalette	Umsatzanteil innovativer Produkte $= \dfrac{\text{Umsatz innovativer Produkte} \cdot 100\,\%}{\text{Gesamtumsatz}}$ *Alternativ denkbar: Anzahl angemeldeter Patente*	> 10 % *Mindestens drei Patente pro Jahr*	Z. B. Kreativworkshops, Kooperation mit Fachhochschulen oder Universitäten

1.3 Aussagekraft von Kennzahlen, Gegenüberstellung zweier Kennzahlen

> **TIPP** Ein Bezug auf Aufgabe 1.2 ist nicht gefordert, kann Ihnen die Bearbeitung jedoch erleichtern. „Nehmen Sie Stellung" erfordert, dass Sie die Aussage erläutern und Ihre Meinung fachlich begründet darlegen.

Es gibt Kennzahlen, wie z. B. den Umsatzanteil innovativer Produkte (oder auch die Mitarbeiterzufriedenheit, die Weiterempfehlungsrate der Kunden usw.), die nur aufwendig messbar und vielleicht nicht aussagekräftig sind. So ist schwer zu definieren, welche Produkte tatsächlich innovativ sind, und die Tatsache, dass die traditionellen Produkte einen hohen Anteil am Gesamtumsatz ausmachen, muss nicht unbedingt gegen den Erfolg des Unternehmens sprechen. Vor allem bei Kunden von nachhaltig produziertem Holzspielzeug ist anzunehmen, dass vorwiegend traditionelle Produkte gefragt sind. Die Unternehmensphilosophie sollte also bei der Wahl und Bewertung der Kennzahlen berücksichtigt werden.

Demgegenüber gibt es jedoch auch Unternehmenskennzahlen, die eindeutig quantifizierbar sind, das Unternehmen vergleichbar und dessen wirtschaftliche Entwicklung skalierbar machen. Ein Beispiel hierfür ist die Gesamtkapitalrentabilität, welche den Erfolg der wirtschaftlichen Tätigkeit eines Unternehmens einheitlich darstellt.

Der Aussage des Vorgesetzten ist somit zuzustimmen. Festgelegte Messgrößen sollten stets auf ihre Aussagekraft geprüft werden.

2.1 Erstellung der Strukturbilanz nach vollständiger Gewinnverwendung

TIPP Diese Aufgabe erfordert zwei Schritte, ohne dass diese ausdrücklich gefordert sind. Sie müssen zuerst die Position Eigenkapital nach vollständiger Ergebnisverwendung errechnen und darstellen, um anschließend die Strukturbilanz erstellen zu können.

Jahresüberschuss 01	760.000,00 €	
+ Gewinnvortrag VJ	12.000,00 €	
− **Einstellung in gesetzliche Gewinnrücklagen**	**30.000,00 €**	siehe NR 1
− **Einstellung in andere Gewinnrücklagen**	**138.000,00 €**	
= Bilanzgewinn	604.000,00 €	
− Dividende junge Aktien	80.000,00 €	= (1 Mio. / 5,00) St. · 0,40 €/St.
− Dividende alte Aktien	520.000,00 €	siehe NR 2
= **Gewinnvortrag neu**	**4.000,00 €**	

NR 1:
Die Summe aus Kapitalrücklage und gesetzliche Gewinnrücklage müssen 10 % vom gezeichneten Kapital ergeben, ansonsten müssen bis zu 5 % des Jahresüberschusses eingestellt werden (§ 150 AktG).
10 % des gezeichneten Kapitals = 300.000,00 €
Kapitalrücklage + gesetzl. Gewinnrücklage = 270.000,00 € → Erhöhung nötig!
5 % des Jahresüberschusses = 5 % · 760.000,00 € = 38.000,00 €
→ Erhöhung max. 30.000,00 €

NR 2:

$$\frac{524.000,00\ €}{2.000.000,00\ €} \cdot 100\ \% = 26,2\ \%\ \text{abrunden!}$$

26 % · 2.000.000,00 € = 520.000,00 € = Dividende alte Aktien

Eigenkapital (nach vollständiger Gewinnverwendung) in Tsd. €		
I. Gezeichnetes Kapital	3.000	
II. Kapitalrücklage	70	
III. Gewinnrücklagen		
Gesetzliche Gewinnrücklage	230	= 200 + 30
Andere Gewinnrücklagen	938	= 800 + 138
IV. Gewinnvortrag	4	

Strukturbilanz nach vollständiger Gewinnverwendung in Tsd. € (GJ 01)			
Anlagevermögen	7.131	Eigenkapital	4.242
Umlaufvermögen	2.173	Langfr. Fremdkapital	4.162
		Kurzfr. Fremdkapital	900
	9.304		9.304

TIPP Die noch nicht ausgezahlte Dividende erhöht das kurzfristige Fremdkapital, da es sich um Verbindlichkeiten gegenüber den Aktionären handelt.

2.2 Beurteilung der finanziellen Situation in Bezug auf die Grafik

TIPP Im ersten Schritt ist die Eigenkapitalquote für die PENZ0 AG zu berechnen. Zur Beurteilung im Vergleich zum Branchendurchschnitt muss die betreffende Branche gewählt werden.

Berechnung der Eigenkapitalquote:

$$\frac{4.242.000,00\ €}{9.304.000,00\ €} \cdot 100\ \% = 45,59\ \%$$

Die Eigenkapitalquote der PENZO AG liegt etwas mehr als 7 Prozentpunkte über dem Branchendurchschnitt (sonstiges Verarbeitendes Gewerbe). Das ist positiv zu beurteilen, da die relativ hohe Eigenkapitalquote dem Unternehmen eine gute Bonität bei der Aufnahme von Fremdkapital sichert.

2.3 Ermittlung des Kurswertes und Begründung des Bilanzansatzes

1. Berechnung der Aktienanzahl:
$$\frac{200.000,00 \text{ € (Bilanzansatz 00)}}{5,00 \text{ €/St.}} = 40.000 \text{ St.}$$

2. Berechnung des Kurswertes:
$$\frac{168.000,00 \text{ € (Bilanzansatz 01)}}{40.000 \text{ St.}} = 4,20 \text{ €/St.}$$

Begründung des Bilanzansatzes:
Die Aktien gehören zu den Vermögensgegenständen des Anlagevermögens. Der Regelwert (AK 200.000,00 €) liegt über dem beizulegenden Wert (Börsenpreis 168.000,00 €). Es handelt sich um eine vorübergehende Wertminderung (Kursschwankung). Laut § 253 Abs. 3 HGB besteht ein Abschreibungswahlrecht. Die PENZO AG hat sich offensichtlich mit dem Ziel, einen möglichst geringen Gewinn auszuweisen, dazu entschlossen, eine Abschreibung vorzunehmen und den geringeren Wert anzusetzen.

3.1 Wahl der Finanzierungsform auf Grundlage des Leverage-Effekts

> **TIPP** Zur Berechnung der Gesamtkapitalrentabilität ist der AB des Gesamtkapitals des Jahres 01 anzusetzen, welcher dem Schlussbestand des Gesamtkapitals 00 entspricht. Das Annuitätendarlehen zeichnet sich durch einen jährlich gleichbleibenden Abzahlungsbetrag (= Annuität) aus.

Berechnung der Gesamtkapitalrentabilität im Jahr 01:
$$GKR = \frac{760.000,00 \text{ €} + 22.000,00 \text{ €}}{6.840.000,00 \text{ €}} \cdot 100\,\% = 11,43\,\%$$

Berechnung des Zinssatzes des Annuitätendarlehens:

Darlehensbetrag	Zinsen	Tilgung	Annuität	Restschuld
500.000,00 €	9.500,00 €	40.500,00 €	50.000,00 €	459.500,00 €

NR:
50.000,00 € − 40.500,00 € = 9.500,00 € (Zinsen im ersten Jahr)
$$\frac{9.500,00 \text{ €}}{500.000,00 \text{ €}} \cdot 100\,\% = 1,90\,\% \text{ (Zinssatz)}$$

Der Zinssatz für das Annuitätendarlehen ist wesentlich niedriger als die Gesamtkapitalrentabilität. Somit ist es ratsam, die Investition fremdzufinanzieren, da in diesem Fall der Hebelwirkungseffekt greift. Die Aufnahme von Fremdkapital führt demnach zu einer Erhöhung der Eigenkapitalrentabilität, da der Fremdkapitalzinssatz kleiner ist als die Gesamtkapitalrentabilität.

3.2 Auswirkung einer Außen-Fremdfinanzierung auf Liquidität und Erfolg im Folgejahr

Durch die Zinszahlungen und die Tilgung sinken die liquiden Mittel im Folgejahr. Wenn andere Verbindlichkeiten nicht verringert werden, wirkt sich die weitere Aufnahme von Fremdkapital negativ auf die Liquidität des Unternehmens aus. Des Weiteren verringert sich der Jahresüberschuss durch die Aufwendungen für Zinsen.

3.3 Darstellung des Kapazitätserweiterungseffekts in Tabellenform

> **TIPP** Der Produktlebenszyklus ist Stoff der 12. Jahrgangsstufe (Marketing). Hierbei wird davon ausgegangen, dass die Nachfrage nach einem Produkt bei der Einführung niedrig ist, dann ansteigt und aufgrund von Sättigung schließlich wieder sinkt.
> Eine verbale Antwort wird bei dieser Aufgabe nicht gefordert. Die Tabelle muss zwingend eine Spalte „Kapazität" enthalten, um dem Darstellungswunsch der Marketingabteilung nachzukommen.

Jahr	Maschinen				Zahlungsströme		
	Bestand	Zugang	Abgang	Kapazität [St.]	Abschreibung [€]	Reinvestition [€]	Rest [€]
02	5	1	0	50.000	125.000	100.000	25.000
03	6	1	0	60.000	150.000	100.000	75.000
04	7	2	0	70.000	175.000	200.000	50.000
05	9	2	5	90.000	225.000	200.000	75.000
06	6	2	1	60.000	150.000	200.000	25.000

> **TIPP** Es lässt sich erkennen, dass aufgrund des Lohmann-Ruchti-Effekts eine steigende Nachfrage in den ersten Jahren gut bedient werden kann, wenn der Maschinenpark aus Abschreibungsrückflüssen erweitert wird. Sobald die ursprünglich angeschafften Maschinen das Unternehmen jedoch nach der Nutzungsdauer verlassen, kommt es zu einem starken Kapazitätsverlust.

3.4 Wahl einer Leasingform

Sollte die Nachfrage stärker steigen als erwartet, bietet sich das Leasing von Maschinen im Rahmen eines **Operate-Leasings** an. Hier trägt der Leasinggeber das größte Risiko, da der Leasingvertrag kurzfristig gekündigt werden kann. Dies wäre für die PENZO AG von Vorteil, weil so auf einen Nachfrageeinbruch schnell reagiert werden könnte.

3.5.1 Anwendung der Kapitalwertmethode

	Zeitwert	Barwert
AHK	–100.000,00 €	–100.000,00 €
Jahr 1 (t_1)	12.000,00 €	11.822,66 €
Jahr 2 (t_2)	20.000,00 €	19.413,23 €
Jahr 3 (t_3)	22.000,00 €	21.038,97 €
Jahr 4 (t_4)	25.000,00 €	23.554,61 €
Jahr 5 (t_5)	27.000,00 €	25.063,03 €
Summe		892,50 €
Kalkulatorischer Zinssatz	1,50 %	

NR (exemplarisch für t_1):

$$\frac{12.000,00 \ €}{(1+0,015)^1} = 11.822,66 \ €$$

Da die Investition einen positiven Kapitalwert aufweist, sollte sie realisiert werden.

3.5.2 Auswirkung eines höheren Marktzinses auf den Kapitalwert

Der kalkulatorische Zinssatz orientiert sich zum Großteil am Marktzins, da er als kalkulatorische Größe für die Opportunitätskosten gegenüber einer Anlage des investierten Kapitals am Finanzmarkt eingesetzt wird. Steigt der Marktzins, müsste auch ein höherer kalkulatorischer Zinssatz angesetzt werden. Dies würde dazu führen, dass der Barwert der Periodenüberschüsse sinkt. Da der Kapitalwert in diesem Fall nur leicht positiv ist, würde schon ein leichtes Ansteigen des Zinssatzes dazu führen, dass dieser negativ wird. Somit ist der Aussage des Kollegen zuzustimmen.

4.1 Grafische Darstellung der optimalen Maschinenbelegung, von K(x), von E(x), der Gewinnschwellenmenge, des Gewinnmaximums sowie von K an den Kapazitätsgrenzen (Skizze)

1. Schritt: Ermittlung der optimalen Intensität von Anlage P4

> **TIPP** Da der leistungsabhängige Faktor laut Angabe der Faktor Strom ist, ist mithilfe der Kosten pro Kilowattstunde die optimale Intensität zu bestimmen.

Intensität (Stück pro Stunde)	Stromverbrauch
300	0,80 kWh/St. (= 240/300)
500	0,56 kWh/St. (= 280/500)
750	0,67 kWh/St. (= 500/750)
975	0,80 kWh/St. (= 780/975)

Die optimale Intensität liegt somit bei einer Intensität von 500 St./h.

2. Schritt: Berechnung der variablen Stückkosten auf Anlage P4

Faktor	Verbrauch pro Stück	Faktorpreis pro Einheit	Variable Stückkosten (k_v)
Strom	0,56 kWh	0,25 €/kWh	0,14 €
Holz	0,60 kg	20,00 €/kg	12,00 €
$k_{vsonstige}$			0,60 €
Summe			12,74 €

Monatliche Kapazität der Anlage P4: 120.000 St. (500 St./h · 8 h · 30)

3. Schritt: Festlegen der Reihenfolge der Maschinenbelegung nach aufsteigenden k_v: P2, P3, P4, P1

4. Schritt: Aufstellen der Kostenfunktionen

$K(x) = K_f + k_v \cdot x$

$K_f = 75.000,00 € + 45.000,00 € + 15.000,00 € + 30.000,00 € + 95.000,00 €$

$K_f = 260.000,00 €$

$K_{P2}(x) = 260.000,00 € + 12,60 € / St. \cdot x$
$K_{P3}(x) = 260.000,00 € + 12,60 € / St. \cdot x + (x - 300.000) \cdot 0,10 €$
$K_{P3}(x) = 230.000,00 € + 12,70 € / St. \cdot x$
$K_{P4}(x) = 230.000,00 € + 12,70 € / St. \cdot x + (x - 450.000) \cdot 0,04 €$
$K_{P4}(x) = 212.000,00 € + 12,74 € / St. \cdot x$
$K_{P1}(x) = 212.000,00 € + 12,74 € / St. \cdot x + (x - 570.000) \cdot 1,26 €$
$K_{P1}(x) = -506.200,00 € + 14,00 € / St. \cdot x$

Somit gilt:

$$K(x) \begin{cases} 260.000,00 + 12,60 \cdot x & \text{für } x \in [0;\ 300.000] \\ 230.000,00 + 12,70 \cdot x & \text{für } x \in]\ 300.000;\ 450.000] \\ 212.000,00 + 12,74 \cdot x & \text{für } x \in]\ 450.000;\ 570.000] \\ -506.200,00 + 14,00 \cdot x & \text{für } x \in]\ 570.000;\ 690.000] \end{cases}$$

Gewinnfunktion: $G(x) = E(x) - K(x)$
$E(x) = 14{,}10\ \text{\euro}/\text{St.} \cdot x$

5. Schritt: Aufstellen der Gewinnfunktion

$$G(x) \begin{cases} -260.000,00 + 1,50 \cdot x & \text{für } x \in [0;\ 300.000] \\ -230.000,00 + 1,40 \cdot x & \text{für } x \in]\ 300.000;\ 450.000] \\ -212.000,00 + 1,36 \cdot x & \text{für } x \in]\ 450.000;\ 570.000] \\ 506.200,00 + 0,10 \cdot x & \text{für } x \in]\ 570.000;\ 690.000] \end{cases}$$

6. Schritt: Ermitteln der Gewinnschwellenmenge
$G(x) = 0$
$-260.000{,}00\ \text{\euro} + 1{,}50\ \text{\euro}/\text{St.} \cdot x = 0 \rightarrow x = 173.333{,}33$ St.
(definiert, somit Gewinnschwelle)

Da der Deckungsbeitrag pro Stück bis zur Kapazitätsgrenze positiv ist, liegt das Gewinnmaximum bei der Kapazitätsgrenze.

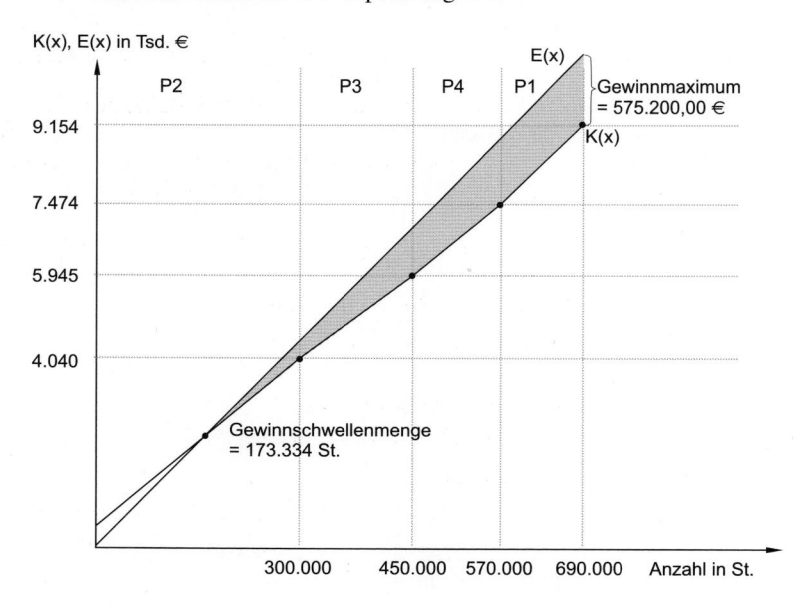

4.2 Beschreibung des optimalen Fertigungsverfahrens

> **TIPP** Der Operator „beschreiben" fordert nicht nur das Nennen eines Fertigungsverfahrens, sondern eben ein Beschreiben.

Der Beißring *FRED* sollte im Fließverfahren hergestellt werden, da laut Angabe alle Produkte die gleiche Art und Qualität aufweisen und eine sehr große Stückzahl hergestellt wird.
Beim Fließverfahren durchläuft das Produkt die Anlage nach der Reihenfolge der Arbeitsschritte im Fertigungsprozess. Dieses Verfahren eignet sich besonders für die Massenproduktion gleichartiger (meist einfacher) Produkte.

5.1 Ermittlung und Darstellung der Verbrauchs-, Beschäftigungs- und Gesamtabweichung (Skizze)

> **TIPP** Spätestens bei dieser Aufgabe bemerken Sie, dass die Prüfungen nach dem neuen Prüfungsformat nicht mehr strikt nach Themengebieten sortiert sind. Dies ist auch der Grund, warum es bei den Aufgaben keine Überschriften mit Nennung des Lernbereichs gibt. Der Lernbereich „Controlling" zum Beispiel begegnet Ihnen sowohl in Aufgabe 1 als auch in Aufgabe 5.

Rechnerische Darstellung
Plankosten gesamt:
$PK = K_f + k_v \cdot x_{Plan}$ (oder in diesem Fall einfach die Plankosten aus dem Kostenplan addieren)
$PK = 1.800,00 \text{ €} + 170,00 \text{ €} + 2.250,00 \text{ €} + 1.450,00 \text{ €} + 225,00 \text{ €} + 905,00 \text{ €} = 6.800,00 \text{ €}$
$K_v = 1.800,00 \text{ €} + 135,00 \text{ €} + 950,00 \text{ €} + 210,00 \text{ €} + 905,00 \text{ €} = 4.000,00 \text{ €}$
$K_f = 35,00 \text{ €} + 2.250,00 \text{ €} + 500,00 \text{ €} + 15,00 \text{ €} = 2.800,00 \text{ €}$
$k_v = \dfrac{4.000,00 \text{ €}}{200 \text{ h}} = 20,00 \text{ €/h}$

1. Plankostenverrechnungssatz (pkvs) ermitteln:
$pkvs = \dfrac{6.800,00 \text{ €}}{200 \text{ h}} = 34,00 \text{ €/h}$

2. Verrechnete Plankosten (verrPK) ermitteln:
$verrPK = pkvs \cdot x_{ist} = 34,00 \text{ €/h} \cdot 250 \text{ h} = 8.500,00 \text{ €}$

3. Sollkosten (SoK) ermitteln:
$SoK = K_f + k_v \cdot x_{ist} = 2.800,00 \text{ €} + 20,00 \text{ €/h} \cdot 250 \text{ h} = 7.800,00 \text{ €}$

4. Istkosten (IK) ermitteln:
IK = 320,00 € + 2.250,00 € + 2.400,00 € + 420,00 € + 905,00 €
+ 2.800,00 € = 9.095,00 €

5. Beschäftigungsabweichung (BA = verrPK – SoK) ermitteln:
BA = 8.500,00 € – 7.800,00 € → positive BA von +700,00 €

6. Verbrauchsabweichung (VA = SoK – IK) ermitteln:
VA = 7.800,00 € – 9.095,00 € → negative VA von –1.295,00 €

7. Gesamtabweichung (GA) ermitteln:
GA = 700,00 € – 1.295,00 € = –595,00 €

Grafische Darstellung (Skizze):

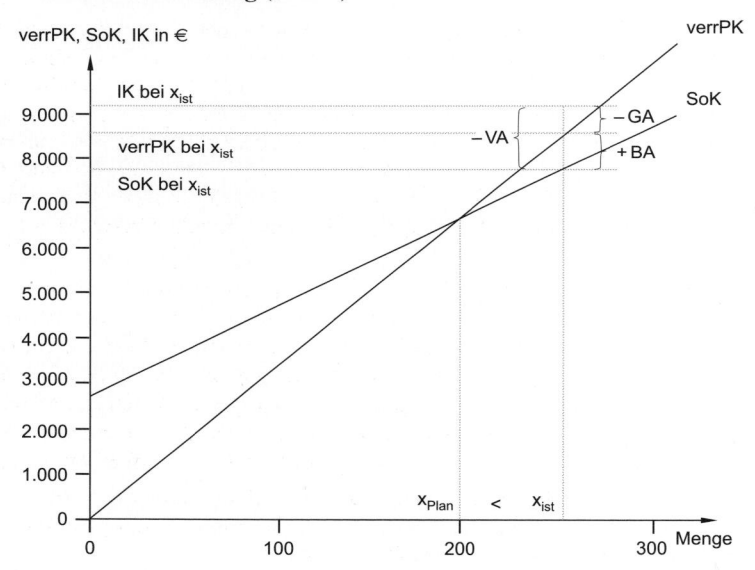

5.2 Zuschreibung der Verantwortlichkeit für die Gesamtabweichung

Beschäftigungsabweichungen sind grundsätzlich nicht vom Kostenstellenleiter zu vertreten, sondern lassen sich auf andere Einflussfaktoren, wie z. B. besonders gutes/schlechtes Marketing etc. (Vertriebsabteilung), zurückführen. Verbrauchsabweichungen hingegen liegen im Verantwortungsbereich des Kostenstellenleiters, da er die Planung des Verbrauchs vornimmt und diese bei einer Abweichung fehlgeschlagen ist. Im vorliegenden Fall wird die relativ hohe negative Verbrauchsabweichung durch die positive Beschäftigungsabweichung in der Gesamtbetrachtung zwar leicht abgemildert, die Kostenstellenleiterin sollte ihre Kalkulation jedoch dringend anpassen, da die Verbrauchsabweichung groß und von ihr zu verantworten ist.

6.1 Situationsbezogene Anwendung der Inhaltstheorie von Herzberg

Die Zwei-Faktoren-Theorie von Frederik Herzberg geht davon aus, dass Arbeitsbedingungen in Hygiene- und Motivationsfaktoren unterteilt werden können. Sind die Hygienefaktoren erfüllt (hoch), so herrscht keine Unzufriedenheit bei den Mitarbeitern. Zu den Hygienefaktoren zählen z. B. die Arbeitsplatzsicherheit, der angewandte Führungsstil oder die Entlohnung. Die Motivatoren hängen mit der Arbeitstätigkeit selbst zusammen. Sind die Motivatoren stark ausgeprägt (hoch), so herrscht Zufriedenheit vor bzw. im Idealfall intrinsische Motivation. Motivatoren können Anerkennung, Aufstiegsmöglichkeiten oder das persönliche Gefühl der Selbstverwirklichung durch die zu leistende Tätigkeit sein.

In der vorliegenden Grafik wird deutlich, dass bei den Produktionsmitarbeitern weder die Hygienefaktoren noch die Motivatoren ausgeprägt sind. Demnach identifizieren sie sich nicht mit ihrer Arbeitstätigkeit, erfahren wenig Anerkennung und sind auch mit den Arbeitsbedingungen/der Entlohnung unzufrieden. Die Situation der Marketingmitarbeiter stellt sich etwas anders dar. Auch sie scheinen mit den Rahmenbedingungen wie Arbeitsplatz(-sicherheit), Entlohnung etc. unzufrieden zu sein, wohingegen sie sich aber offensichtlich stark mit ihrer Arbeit identifizieren und bei ihrer Tätigkeit verwirklichen können.

Die geringe Motivation der Produktionsmitarbeiter verbunden mit den schwach ausgeprägten Hygienefaktoren wird zu einer hohen Fluktuation und einer schlechten Arbeitsleistung führen. Die Reaktion der Marketingmitarbeiter ist schwerer prognostizierbar. Solange sie sich so stark mit dem Unternehmen und ihrer Aufgabe identifizieren und kein externer Anreiz zur Kündigung geboten wird (höheres Gehalt bei ähnlicher Tätigkeit in einem anderen Unternehmen), werden sie vermutlich im Unternehmen verbleiben.

Eine konkrete Maßnahme wäre, das Lohnniveau im gesamten Betrieb anzuheben. Dies würde die Unzufriedenheit beider Gruppen voraussichtlich senken und insgesamt zu mehr Zufriedenheit führen.

6.2 Erläuterung des Zusammenhangs anhand der Theorie X (McGregor)

McGregor geht davon aus, dass Menschen entweder arbeitsscheu sind und angeleitet werden müssen (Theorie X) oder von sich aus gerne arbeiten und der Arbeitgeber nur das Arbeitsumfeld angenehm gestalten muss (Theorie Y). Nimmt man die Theorie X zum Ausgangspunkt des Führungsverhaltens, so mündet dies in eine Abwärtsspirale. Genaue Arbeitsanweisungen ohne Gestaltungsspielraum führen zu einem passiven Verhalten der Mitarbeiter, was wiederum genaue Anweisungen sowie Druck erfordert und die Mitarbeiter immer passiver und unmotivierter werden lässt. Dies könnte bei den Produktionsmitarbeitern der Fall sein, da [M1] zeigt, dass sie nicht nur wenig motiviert, sondern auch unzufrieden mit den Arbeitsbedingungen sind.

Bayern – FOS · BOS 13
Abiturprüfung 2020

Das Corona-Virus hat im vergangenen Schuljahr auch die Prüfungsabläufe durcheinandergebracht und manches verzögert. Daher sind die Aufgaben und Lösungen zur Prüfung 2020 in diesem Jahr nicht im Buch abgedruckt, sondern erscheinen in digitaler Form.
Sobald die Original-Prüfungsaufgaben 2020 zur Veröffentlichung freigegeben sind, können sie als PDF auf der Plattform **MyStark** heruntergeladen werden (Zugangscode vgl. Umschlaginnenseite).

Prüfung 2020

www.stark-verlag.de/mystark

Zugelassene Hilfsmittel

Merkhilfe für die Unterrichtsfächer BwR und IBV

Hinweis

Zins- und Kostensätze in Dezimal- oder Prozentschreibweise; z. B. 0,05 oder 5 %

Formeln

Einkommens- und Vermögensverteilung

1a	Ginikoeffizient	$(G) = 1 - \frac{1}{n}(2\sum A_i - 1)$
1b	normierter Ginikoeffizient	$(G_n) = \frac{n}{(n-1)} \cdot G$
	n: Anzahl der Einkommensgruppen	
	A: kumulierte Einkommensanteile	

Bestellpunktverfahren und optimale Bestellmenge

2a	Meldebestand = Tagesverbrauch · Beschaffungszeit + Sicherheitsbestand
2b	Lagerhaltungskostensatz = Zinssatz + Lagerkostensatz
2c	optimale Bestellmenge = $\sqrt{\dfrac{2 \cdot \text{Jahresbedarf} \cdot \text{fixe Bestellkosten}}{\text{Einstandspreis} \cdot \text{Lagerhaltungskostensatz}}}$

Investitionsrechenverfahren

3a	kalkulatorische Abschreibung = $\dfrac{\text{Wiederbeschaffungswert}}{\text{Nutzungsdauer}}$
3b	Wiederbeschaffungswert = Anschaffungskosten · $\dfrac{\text{Preisindex}[1]}{100}$ [1] bezogen auf das Jahr der Anschaffung ($\widehat{=}$ 100)
3c	kalkulatorische Zinsen = $\dfrac{\text{Anschaffungskosten} \cdot \text{Zinssatz}}{2}$
3d	Rentabilität = $\dfrac{(\text{Gewinn} + \text{kalkulatorische Zinsen}) \cdot 100\ \%}{0,5 \cdot \text{Anschaffungskosten}}$
3e	Amortisationsdauer = $\dfrac{\text{Anschaffungskosten}}{\text{Gewinn} + \text{kalkulatorische Abschreibungen}}$

3f	Abzinsungsfaktor für das Jahr $n = \dfrac{1}{(1+\text{Zinssatz})^n}$
3g	Kapitalwert $=-$ Anschaffungskosten $+$ Überschuss für das Jahr 1 $\cdot$ Abzinsungsfaktor für das Jahr 1 $+ \ldots$ $+$ Überschuss für das Jahr n $\cdot$ Abzinsungsfaktor für das Jahr n

Bilanzanalyse, Liquiditätsanalyse, Analyse der Finanz- und Ertragskraft und weitere beispielhafte Messgrößen im Zusammenhang mit der Balanced Scorecard

a) **Analyse der vertikalen Bilanzstruktur**

4a	Anlagequote $= \dfrac{\text{Anlagevermögen} \cdot 100\,\%}{\text{Gesamtvermögen}}$
4b	Umlaufquote $= \dfrac{\text{Umlaufvermögen} \cdot 100\,\%}{\text{Gesamtvermögen}}$
4c	Eigenkapitalquote $= \dfrac{\text{Eigenkapital} \cdot 100\,\%}{\text{Gesamtkapital}}$
4d	Fremdkapitalquote $= \dfrac{\text{Fremdkapital} \cdot 100\,\%}{\text{Gesamtkapital}}$
4e	statischer Verschuldungsgrad $= \dfrac{\text{Fremdkapital} \cdot 100\,\%}{\text{Eigenkapital}}$

b) **Analyse der horizontalen Bilanzstruktur**

5a	Anlagedeckungsgrad I $= \dfrac{\text{Eigenkapital} \cdot 100\,\%}{\text{Anlagevermögen}}$
5b	Anlagedeckungsgrad II $= \dfrac{(\text{Eigenkapital} + \text{langfristiges Fremdkapital}) \cdot 100\,\%}{\text{Anlagevermögen}}$
5c	Working Capital $=$ Umlaufvermögen $-$ kurzfristiges Fremdkapital

c) **Analyse der Liquidität**

6a	Liquiditätsgrad 1 (Barliquidität) $= \dfrac{\text{liquide Mittel 1. Grades} \cdot 100\,\%}{\text{kurzfristiges Fremdkapital}}$
6b	Liquiditätsgrad 2 (einzugsbedingte Liquidität) $= \dfrac{\text{liquide Mittel 2. Grades} \cdot 100\,\%}{\text{kurzfristiges Fremdkapital}}$
6c	Liquiditätsgrad 3 (umsatzbedingte Liquidität) $= \dfrac{\text{liquide Mittel 3. Grades} \cdot 100\,\%}{\text{kurzfristiges Fremdkapital}}$

d) **Analyse der Finanz- und Ertragskraft**

7a	Eigenkapitalrentabilität $= \dfrac{\text{Jahresüberschuss} \cdot 100\,\%}{\text{Eigenkapital (AB)}}$

7b	$\text{Gesamtkapitalrentabilität} = \dfrac{(\text{Jahresüberschuss} + \text{Fremdkapitalzinsen}) \cdot 100\,\%}{\text{Gesamtkapital (AB)}}$
7c	Umsatzrentabilität (bezogen auf den Jahresüberschuss) $= \dfrac{\text{Jahresüberschuss} \cdot 100\,\%}{\text{Umsatzerlöse}}$
7d	Umsatzrentabilität (bezogen auf den Kapitalertrag) $= \dfrac{(\text{Jahresüberschuss} + \text{Fremdkapitalzinsen}) \cdot 100\,\%}{\text{Umsatzerlöse}}$
7e	$\text{Kapitalumschlag (bezogen auf das Eigenkapital)} = \dfrac{\text{Umsatzerlöse}}{\text{Eigenkapital (AB)}}$
7f	$\text{Kapitalumschlag (bezogen auf das Gesamtkapital)} = \dfrac{\text{Umsatzerlöse}}{\text{Gesamtkapital (AB)}}$
7g	Return-on-Investment = Umsatzrentabilität · Kapitalumschlag
7h	Cashflow = Jahresüberschuss + Abschreibungen (−Zuschreibungen) + Erhöhung (−Verminderung) von langfristigen Rückstellungen
7i	$\text{dynamischer Verschuldungsgrad} = \dfrac{\text{Nettoverbindlichkeiten}}{\text{Cashflow}}$
7j	Nettoverbindlichkeiten = Fremdkapital − Kundenanzahlungen − flüssige Mittel (Effektivverschuldung)

e) **weitere beispielhafte Messgrößen im Zusammenhang mit der Balanced Scorecard**

8a	$\text{Wiederbestellungsquote} = \dfrac{\text{Stammkunden} \cdot 100\,\%}{\text{gesamte Kundenzahl}}$
8b	$\text{Reklamationsquote} = \dfrac{\text{Zahl der Reklamationen} \cdot 100\,\%}{\text{Zahl der Aufträge}}$
8c	$\text{Weiterempfehlungsquote} = \dfrac{\text{Weiterempfehlungen} \cdot 100\,\%}{\text{Zahl der Befragungen}}$
8d	$\text{Durchlaufzeit} = \dfrac{\text{Umlaufbestand}}{\text{Durchsatz}}$
8e	$\text{Fehlerquote} = \dfrac{\text{Ausschuss} \cdot 100\,\%}{\text{Produktionsmenge}}$
8f	$\text{Produktivität} = \dfrac{\text{Output}}{\text{Input}}$
8g	$\text{Budgeterfüllung} = \dfrac{\text{tatsächliche Produktionskosten} \cdot 100\,\%}{\text{Budgetvorgabe}}$
8h	$\text{Fluktuationsrate} = \dfrac{\text{Abgänge} \cdot 100\,\%}{\text{Personalbestand Anfang Periode} + \text{Zugänge}}$

Plankostenrechnung

9a	Plankosten = fixe Kosten + variable Stückkosten · Planbeschäftigung
9b	Sollkosten = fixe Kosten + variable Stückkosten · Istbeschäftigung
9c	Plankostenverrechnungssatz = $\dfrac{\text{Plankosten}}{\text{Planbeschäftigung}}$
9d	verrechnete Plankosten = Plankostenverrechnungssatz · Istbeschäftigung
9e	Beschäftigungsabweichung = verrechnete Plankosten − Sollkosten
9f	Beschäftigungsabweichung = $\dfrac{\text{fixe Kosten}}{\text{Planbeschäftigung}}$ · (Istbeschäftigung − Planbeschäftigung)
9g	Verbrauchsabweichung = Sollkosten − Istkosten
9h	Gesamtabweichung = Beschäftigungsabweichung + Verbrauchsabweichung

§ 266 HGB Gliederung der Bilanz

(1) ¹Die Bilanz ist in Kontoform aufzustellen. ²Dabei haben mittelgroße und große Kapitalgesellschaften (§ 267 Absatz 2 und 3) auf der Aktivseite die in Absatz 2 und auf der Passivseite die in Absatz 3 bezeichneten Posten gesondert und in der vorgeschriebenen Reihenfolge auszuweisen. ³Kleine Kapitalgesellschaften (§ 267 Abs. 1) brauchen nur eine verkürzte Bilanz aufzustellen, in die nur die in den Absätzen 2 und 3 mit Buchstaben und römischen Zahlen bezeichneten Posten gesondert und in der vorgeschriebenen Reihenfolge aufgenommen werden. ⁴Kleinstkapitalgesellschaften (§ 267a) brauchen nur eine verkürzte Bilanz aufzustellen, in die nur die in den Absätzen 2 und 3 mit Buchstaben bezeichneten Posten gesondert und in der vorgeschriebenen Reihenfolge aufgenommen werden.

(2) Aktivseite
A. Anlagevermögen:
    I. Immaterielle Vermögensgegenstände:
        1. Selbst geschaffene gewerbliche Schutzrechte und ähnliche Rechte und Werte;
        2. entgeltlich erworbene Konzessionen, gewerbliche Schutzrechte und ähnliche Rechte und Werte sowie Lizenzen an solchen Rechten und Werten;
        3. Geschäfts- oder Firmenwert;
        4. geleistete Anzahlungen;
    II. Sachanlagen:
        1. Grundstücke, grundstücksgleiche Rechte und Bauten einschließlich der Bauten auf fremden Grundstücken;
        2. technische Anlagen und Maschinen;
        3. andere Anlagen, Betriebs- und Geschäftsausstattung;
        4. geleistete Anzahlungen und Anlagen im Bau;
    III. Finanzanlagen:
        1. Anteile an verbundenen Unternehmen;
        2. Ausleihungen an verbundene Unternehmen;
        3. Beteiligungen;
        4. Ausleihungen an Unternehmen, mit denen ein Beteiligungsverhältnis besteht;
        5. Wertpapiere des Anlagevermögens;
        6. sonstige Ausleihungen.

B. Umlaufvermögen:
   I. Vorräte:
      1. Roh-, Hilfs- und Betriebsstoffe;
      2. unfertige Erzeugnisse, unfertige Leistungen;
      3. fertige Erzeugnisse und Waren;
      4. geleistete Anzahlungen;
   II. Forderungen und sonstige Vermögensgegenstände:
      1. Forderungen aus Lieferungen und Leistungen;
      2. Forderungen gegen verbundene Unternehmen;
      3. Forderungen gegen Unternehmen, mit denen ein Beteiligungsverhältnis besteht;
      4. sonstige Vermögensgegenstände;
   III. Wertpapiere:
      1. Anteile an verbundenen Unternehmen;
      2. sonstige Wertpapiere;
   IV. Kassenbestand, Bundesbankguthaben, Guthaben bei Kreditinstituten und Schecks.
C. Rechnungsabgrenzungsposten.
D. Aktive latente Steuern.
E. Aktiver Unterschiedsbeitrag aus der Vermögensverrechnung.

(3) Passivseite
A. Eigenkapital:
   I. Gezeichnetes Kapital;
   II. Kapitalrücklage;
   III. Gewinnrücklagen:
      1. gesetzliche Rücklage;
      2. Rücklage für Anteile an einem herrschenden oder mehrheitlich beteiligten Unternehmen;
      3. satzungsmäßige Rücklagen;
      4. andere Gewinnrücklagen;
   IV. Gewinn-/Verlustvortrag;
   V. Jahresüberschuss/Jahresfehlbetrag.
B. Rückstellungen:
   1. Rückstellungen für Pensionen und ähnliche Verpflichtungen;
   2. Steuerrückstellungen;
   3. sonstige Rückstellungen.
C. Verbindlichkeiten:
   1. Anleihen
      davon konvertibel;
   2. Verbindlichkeiten gegenüber Kreditinstituten;
   3. erhaltene Anzahlungen auf Bestellungen;
   4. Verbindlichkeiten aus Lieferungen und Leistungen;
   5. Verbindlichkeiten aus der Annahme gezogener Wechsel und der Ausstellung eigener Wechsel;

6. Verbindlichkeiten gegenüber verbundenen Unternehmen;
7. Verbindlichkeiten gegenüber Unternehmen, mit denen ein Beteiligungsverhältnis besteht;
8. sonstige Verbindlichkeiten, davon aus Steuern, davon im Rahmen der sozialen Sicherheit.
D. Rechnungsabgrenzungsposten.
E. Passive latente Steuern.

§ 268 HGB   Vorschriften zu einzelnen Posten der Bilanz
Bilanzvermerke

(1) ¹Die Bilanz darf auch unter Berücksichtigung der vollständigen oder teilweisen Verwendung des Jahresergebnisses aufgestellt werden. ²Wird die Bilanz unter Berücksichtigung der teilweisen Verwendung des Jahresergebnisses aufgestellt, so tritt an die Stelle der Posten „Jahresüberschuss/Jahresfehlbetrag" und „Gewinnvortrag/Verlustvortrag" der Posten „Bilanzgewinn/Bilanzverlust"; ein vorhandener Gewinn- oder Verlustvortrag ist in den Posten „Bilanzgewinn/Bilanzverlust" einzubeziehen und in der Bilanz gesondert anzugeben. ³Die Angabe kann auch im Anhang gemacht werden.

§ 275 HGB   Gliederung

(1) ¹Die Gewinn- und Verlustrechnung ist in Staffelform nach dem Gesamtkostenverfahren oder dem Umsatzkostenverfahren aufzustellen. ²Dabei sind die in Absatz 2 oder 3 bezeichneten Posten in der angegebenen Reihenfolge gesondert auszuweisen.

(2) Bei Anwendung des Gesamtkostenverfahrens sind auszuweisen:
1. Umsatzerlöse
2. Erhöhung oder Verminderung des Bestands an fertigen und unfertigen Erzeugnissen
3. andere aktivierte Eigenleistungen
4. sonstige betriebliche Erträge
5. Materialaufwand:
   a) Aufwendungen für Roh-, Hilfs- und Betriebsstoffe und für bezogene Waren
   b) Aufwendungen für bezogene Leistungen
6. Personalaufwand:
   a) Löhne und Gehälter
   b) soziale Abgaben und Aufwendungen für Altersversorgung und für Unterstützung, davon für Altersversorgung
7. Abschreibungen:
   a) auf immaterielle Vermögensgegenstände des Anlagevermögens und Sachanlagen
   b) auf Vermögensgegenstände des Umlaufvermögens, soweit diese die in der Kapitalgesellschaft üblichen Abschreibungen überschreiten
8. sonstige betriebliche Aufwendungen
9. Erträge aus Beteiligungen,
   davon aus verbundenen Unternehmen

10. Erträge aus anderen Wertpapieren und Ausleihungen des Finanzanlagevermögens,
    davon aus verbundenen Unternehmen
11. sonstige Zinsen und ähnliche Erträge,
    davon aus verbundenen Unternehmen
12. Abschreibungen auf Finanzanlagen und auf Wertpapiere des Umlaufvermögens
13. Zinsen und ähnliche Aufwendungen,
    davon an verbundene Unternehmen
14. Steuern vom Einkommen und vom Ertrag
15. Ergebnis nach Steuern
16. sonstige Steuern
17. Jahresüberschuss/Jahresfehlbetrag.

Der EBIT ergibt sich nach der direkten Methode aus den betrieblichen Erträgen und Aufwendungen (vgl. HGB § 275 Abs. 2, Gliederungspunkte 1–8).

§ 58 AktG Verwendung des Jahresüberschusses

(1) ¹Die Satzung kann nur für den Fall, dass die Hauptversammlung den Jahresabschluss feststellt, bestimmen, dass Beträge aus dem Jahresüberschuss in andere Gewinnrücklagen einzustellen sind. ²Auf Grund einer solchen Satzungsbestimmung kann höchstens die Hälfte des Jahresüberschusses in andere Gewinnrücklagen eingestellt werden. ³Dabei sind Beträge, die in die gesetzliche Rücklage einzustellen sind, und ein Verlustvortrag vorab vom Jahresüberschuss abzuziehen.

(2) ¹Stellen Vorstand und Aufsichtsrat den Jahresabschluss fest, so können sie einen Teil des Jahresüberschusses, höchstens jedoch die Hälfte, in andere Gewinnrücklagen einstellen. ²Die Satzung kann Vorstand und Aufsichtsrat zur Einstellung eines größeren oder kleineren Teils des Jahresüberschusses ermächtigen. ³Auf Grund einer solchen Satzungsbestimmung dürfen Vorstand und Aufsichtsrat keine Beträge in andere Gewinnrücklagen einstellen, wenn die anderen Gewinnrücklagen die Hälfte des Grundkapitals übersteigen oder soweit sie nach der Einstellung die Hälfte übersteigen würden. ⁴Absatz 1 Satz 3 gilt sinngemäß.

§ 150 AktG Gesetzliche Rücklage; Kapitalrücklage

(1) In der Bilanz des nach den §§ 242, 264 des Handelsgesetzbuchs aufzustellenden Jahresabschlusses ist eine gesetzliche Rücklage zu bilden.

(2) In diese ist der zwanzigste Teil des um einen Verlustvortrag aus dem Vorjahr geminderten Jahresüberschusses einzustellen, bis die gesetzliche Rücklage und die Kapitalrücklagen nach § 272 Abs. 2 Nr. 1 bis 3 des Handelsgesetzbuchs zusammen den zehnten oder den in der Satzung bestimmten höheren Teil des Grundkapitals erreichen.